SHUPINGREN KEYI XIEXIELE

书评人可以歇歇了

许骥 著

图书在版编目(CIP)数据

书评人可以歇歇了 / 许骥著. —合肥:安徽教育出版社,2011.12

(厘米书系)

ISBN 978-7-5336-6411-4

Ⅰ.①书… Ⅱ.①许… Ⅲ.①书评—中国—现代—选集 Ⅳ.①G236

中国版本图书馆 CIP 数据核字(2011)第 246083 号

书名:书评人可以歇歇了　　　　　　作者:许骥

出 版 人:朱智润　　策划编辑:张　利　　责任编辑:张　利

　　　　　　　　　装帧设计:陈熙颖　　责任印制:王　琳

出版发行:时代出版传媒股份有限公司　http://www.press-mart.com

　　　　　安徽教育出版社　http://www.ahep.com.cn

　　　　　(合肥市繁华大道西路 398 号,邮编:230601)

　　　　　营销部电话:(0551)3683010,3683011,3683015

排　　版:安徽创艺彩色制版有限责任公司

印　　刷:合肥中德印刷培训中心印刷厂　电话:(0551)3812508

(如发现印装质量问题,影响阅读,请与印刷厂商联系调换)

开本:880×1230　1/32　　印张:9　　字数:200 千字

版次:2011 年 12 月第 1 版　　2011 年 12 月第 1 次印刷

ISBN 978-7-5336-6411-4　　　　　　　　　定价:28.00 元

版权所有,侵权必究

目录

| | 1 不可能的任务
| | 5 自序:我为什么写书评

香港话你知 | 3 林奕华三书
| 11 此"马"昂然独此群——马家辉七书连评
| 18 时评作为一种文学
| 23 用乱码谱一曲青春之歌
| 26 二声部小说的切换游戏
| 29 为己读书
| 32 一座城市的"双视野人"
| 36 看香港"财主佬"怎么过日子
| 39 自己访问自己——梁文道《访问》读后记
| 43 港督的声音,你可曾听得见
| 47 消费社会中的女人
| 51 书架上永远缺一本文学史
| 55 中国人的"日本人化"
| 59 纽约,一座书的城市

书香两岸 | 65 跟老猫学真功夫
| 70 在孤独中品味汉字书法之美
| 75 我想爱你,已觉得羞怯
| 78 睡觉也是一种流浪
| 81 温暖如阳光——读南方朔《有光的所在》
| 84 自由主义之外的殷海光
| 96 台版?别闹了——以台版《我执》为例
| 100 一本另类旅行指南

	103	粉丝的炼丹炉与五指山
	106	做一个任性的人
	109	野史比正史更"真实"
	114	关于昨日的隐秘情事
	119	说话时代，我们无话可说

历史是个什么玩意儿	125	不容青史尽成灰
	128	不承认天才的天才
	131	水流云在，物是人非
	135	曼德拉的政治艺术与领袖风采
	138	"官四代"，天生不政治
	142	蒋介石与日本的暧昧关系
	146	为"小人物"立传
	149	读书人的复仇
	152	生子当如蒋经国
	155	暴风雨中的北京四中
	159	古代史的妙处

饥饿的艺术家	167	读音乐史以为鉴
	170	"音乐明星"会怎样影响你
	173	中国人离现代艺术有多远
	177	你这该死的温柔
	180	我们最需要启蒙主义——兼说文学家的使命问题
	185	成为一个"坏人"有多难

| "读"害不浅 | 193 | 阅读的至乐 |
| | 196 | 宝爷这样一个读书人 |

	199	《单向街》让我看到了曙光
	205	给读书找个借口
	208	救救孩子,别再把药当粮食吃
	213	蚁无语
	216	消灭网络,还是被网络消灭
	219	警惕!"笨蛋时代"来临
	225	当我们谈论扯淡时我们在谈论什么
	230	创新,中国人的软肋
	234	生命如烟轻——读《雷蒙德·卡佛短篇小说自选集》
	237	你不知道的白宫
	241	让"80后"接好这一棒
文化评论	247	梁文道为什么这样红——香港"卖纸团"的秘密
	256	关于《我读》的鸡毛蒜皮
	261	奉答《出版商务周报》张春海先生——我看2009年三个文化现象
	266	谁在滋长我们这个时代的戾气
	269	后记:书评人可以歇歇了——兼说"书评人"这种东西

不可能的任务

梁文道

这篇序言真不好写,犹如书评之难写。读许骥兄这部书,我无法制止地一路回想起我做书评人的日子(如果我曾经做过的话)。那时候我也差不多是许骥兄这个年纪,但要比他大胆,少了许多自知之明,并且真以为没有什么书是不可以评的。回顾往昔,这到底是我真有这份胆识呢,还是我不太自觉地想要符应一般对于书评人的期待?强装懂得天下所有知识之门类分布及梗概,自命站在了可以衡量任何类型书写之高下好坏的高地?

首先,我要说点疑惑。在这本书的后记里头,我很惊讶地看到了这一段话:"书评人的一个宿命是经常要接受出版人的赠书。写字是不赚钱的，书又贵，所以出版社如果愿意赠书，书评人自然乐意。可是天下没有免费午餐，拿人钱财替人消灾。今天出版社给你寄你喜欢的书你写书评，来日他们给你寄你不喜欢的书你也要帮着写。看自己不感兴趣的书，还要写文章推销，真叫痛苦。"

是这样子吗？收到出版社的赠书，你就有写书评的义务，而且写的还得是好话？许骥兄身为今日中国站在第一线上的书评人，假如这是他的如实观察，那么中国的书评现况就很难不叫人忧心了。先不说对不对得起媒体这具公器，也不管是否有负读者之观望，就看自己吧，其实写书评的人大可不必让自己难过，不感兴趣不喜欢，你也不用批评，不写就是了，又没人拿枪指着你的头。

曾经，我心目中有一套理想的书评制度。它来自我对英语世界报刊书评运作的浅薄观察。在《纽约时报书评》、《纽约书评》、《泰晤士报文学增刊》和《伦敦书评》这些老牌书评那里，出版社通常不会直接接触书评作者，而是把未出版的书稿寄到编辑处，再由编辑凭经验和眼光选择合适的作者。如果作者读完书稿又觉得可以为文一谈，这才写成书评发到刊物上去。假如那篇评论还算正面，那么出版社多半会撷取其中金句，将来印到书背上以为宣传（其书背相当于我们的腰封）。这也就是为什么我们常常会遇见书评已发，但市面上还找不到那本书；而新出版的书籍背面却又老早印好了书评赞语的原因了。在这套程序里面,书评人和出版社之间隔了一重媒体编辑,他们要负起把关的责任。要是这关把得好,水准稳定,长此下去该媒体就是块可信的招牌了。此所以不少新书宣传多标榜《纽约书评》如何称赞、《华盛顿邮报》又怎样怎样夸赏,反而较少提及书评作者的名姓;因为长期保持信誉的媒体往往要比个别书评人更可靠更大牌。

　　反观中国,不仅书评人缺乏一套持之以恒严格规范的无形公约,就连媒体颁发年度书奖也偶尔传出政治等外力介入的消息。这番情景又怎能不叫人概叹?于是我们只好自己看顾自己,至少做到洁身自爱的程度。有一回,某君托一位友人找我为其新作腰封荐词(原是在下看家好戏)。这位朋友竟然自鸣得意地说:"放心,我跟他说了,你不能叫梁先生白白推荐,稿费多少钱我先问问梁先生。"我大吃一惊,捺下想要和这位友人绝交的冲动,连忙叫他赶快向人解释,是否推荐全看我的时间、能力和读后感想,无涉金钱。我的朋友觉得一番好心枉付东流,还有点委屈地说:"推荐新书,不都是该收钱的吗?"

　　啊,扯远了。讲了半天,其实我真正想说的是,"书评人"也许是种不可能的职业。正如许骥兄指出的,全球每日大概出版四千种新书,这里头究竟涉及了多少种知识多少门学科?我们怎能期望有一种人,他可以出入自如地穿梭在各类书籍之间,东点一下清末政坛八卦,西指一下组织管理学的最新进展,并且每一下都是那么的精准那么的切中要害?就连我曾歆羡的那些英美书评,他们已经捡药般地把新书交到"最合适"的书评人手中了,请他按其专业发挥;但我依然有疑,惊讶于一个作者居然可以在批评完一个小说新人之后,又非常老到地接连指出《战争与和平》新英译的种种不足。他在小说阅读上达到什么样的广度和深度,才能做得好这种在我看来近乎不可能的任务呢?

所以,我不写书评了,甚至连我那个和书有关的小节目不可以叫做书评节。就像许骥兄在序言里说的:"借由别人的书的启迪,迸出一点点属于自己的东西——即便只是一点点……"借题发挥,以他人著述浇心中块垒而已。那么,这应该叫做"书话"吧?可是看见周作人那等大家珠玉在前,又不免自惭,深恐辱没了"书话"二字的潇洒。也罢,不管叫做什么也好,我们这些看书几近职业的读者,难道不会越看越觉得自己无知,越写胆子越小吗?起码我是这样的。

自序：我为什么写书评

我猜凡是坚持写作的人，或有意或无意，都出于想弄清什么是"人生"这个问题。我有前辈，耄耋之年仍在坚持写作。他告诉我，从十几岁开始他就好奇写作究竟会把他变成一个什么样的人。于是他开始写，写了几十年，快九十岁了，还未探尽其中的奥妙。

我曾坚信自己是一个"文学天才"，在十五六岁的年纪，不停地写、不停地写……我似乎从来不会怀疑自己的"天分"，直到有一个事件打击了我。

初中三年级的时候，学校里组织"征文大赛"，我兴致勃勃奋笔疾书了一篇关于"蜜蜂"的长文

(题目现在已经记不得了)去投稿。我得意洋洋,结果却被语文老师叫到办公室去狠狠训斥了一顿。她说我的文章抄袭杨朔的《荔枝蜜》,这样做是"犯法"的。我当时噙着眼泪辩驳,说我从未读过什么《荔枝蜜》,我的文章纯属原创。语文老师把杨朔的"文选"往我面前一丢,叫我自己回去看。

那个晚上,是幻灭的。我一边读着《荔枝蜜》,一边不住地瑟瑟发抖。我甚至觉得自己是不是患了人格分裂症或记忆丧失——我的那篇关于"蜜蜂"的文章真的和杨朔的《荔枝蜜》几乎一模一样,无论是篇幅、风格,还是其中的某些句子……我彻夜未眠。我第一次觉得自己不是自己。我问自己:我所坚信的"天分"会不会只是从别人的书里折射到我脑中的假象?——实际上,时至今日,我仍然想不起来何时读过《荔枝蜜》;但从技术上讲,我确定自己必是读过无疑。

后来的七八年里,我继续坚持"创作",因为我想考验自己究竟是不是个有"天分"的作家。考大学填报志愿时,我毫不犹豫地在所有方框内都勾上了中文系。(如果我一早知道中文是个把文学家"废掉"的专业,或许就不会这么做了。)在大学里,我不断读,不断写。可是读得越多,就越觉得自己写的像是别人的东西。

最终还是王朔"救"了我。

2008年春天的一个下午,我读了王朔的复出之作《我的千岁寒》。在其中一篇他与孙甘露的对

话中,我发现王朔有和我一样的烦恼:

> 我过去讲过的以为是自己的话,大部分是流行观念,是别人的看法被我用了。我都忘了这话从哪里听来的,所有感觉都是别人给的。

读罢这段话,我把书一扔,走到窗口,点上一支烟,望着远处的白云,直到微风把它们全部吹散,无影无踪……然后我在心里对自己说:"其实你就是没有'天分'的人,你的'创作'是误把'激情'当做'天分'了。"奇怪的是,当我说服自己是一个没有"天分"的作家时,丝毫没有沮丧;相反,出奇的淡定。我很安然地跟自己说:"即便是说出我内心埋藏已久的话,都要借王朔之口,我这样的人怎么可能有'天分'呢?"我恐还不慎重,于是在接下来的一段日子里,又把自己能找到的十余年来写的所有文字(大约六七十万)都翻出来看了一遍。——确信无疑,我所说的话都是"别人的看法被我用了"。终于死心了。我拿起笔写下了一段话:

> 我开始理解王朔说的话了:他以为以前他说的全都是自己的话,到头来全是别人的话。我又何尝有我自己的观点呢?蓦地想到一段"惊世骇俗"的话,正准备写下来,拿起笔

时,忽然想起这话不是半个小时前才从一本书里读到的吗？然后,我开始不可抑制地恐惧起来:我过去的所思所想,我过去沾沾自喜的创意,我过去高谈阔论的那些话,原来都不属于我。我是个思想的"小偷",只是没有警察愿意分心来抓我罢了。值得庆幸的是,几天前,我下定决心要做一个"述而不作"的人。我在日记里这样写道:"作,是那些天才的事;述,是这些庸才的事。我是庸才,我故立志述而不作也。"那么,就从今天起,学着给每个引用标上出处吧!

这就是我开始写书评的"宣言"。——与其把看过的书藏起来,然后假装是自己的话装腔作势地说一遍,不如就直接去写书评,借由别人的书的启迪,迸出一点点属于自己的东西——即便只是一点点,那也是真真实实属于自己的。佛曰:真空妙有。大言不惭地说,我写书评,算是在"真空"之后生出的"妙有"之境。

最近,我读到台湾作家杨照的一段话:

> 年轻时,我努力写作,因为知道青春是有限的,理想与感动或许也是有限的。我的心底藏着一股去除不掉的恐惧,不知哪一瞬间会有怪兽倏然跃出,大口大口吞噬我的青春与理想与感动,只留呆木与疲倦给我。对抗

这想象怪兽的方法,我唯一的方法,就是写作,留下白纸黑字的记录,留下怪兽吃不掉消灭不了的铁证,证明自己青春过、理想过、感动过。

一路写下来,对于怪兽的恐惧仍然不时闪动着,不过却也慢慢发现了写作不同层次的意义。原来以为写作只是保留青春、理想、感动证据的手段,写到一个程度才蓦然理解:原来写作同时可以刺激,甚至逼迫青春、理想与感动,不那么快从生命舞台上谢幕隐退。累积的一行一行,一页一页,就像是过程的自己,不断向现在的自我提醒喊话。

是啊!我也怕,怕自己的青春在时光流逝后找不到一丁点儿痕迹,从而无法证明自己曾在这世间留下过理想与感动。所以,即便是知道了自己没有"天分",我仍旧不敢不继续写下去。或许和那位前辈一样,我写作的目的是想看看这样写下去,自己究竟会变成什么样一个人。

香港话你知

"精神上"的香港人

就算你从未到过香港,也可以做一个"精神上"的香港人,只要你符合林奕华在《等待香港:永远的香港人》中提出的十二条标准。这十二条标准分别是:(一)赚钱是人生最重要的事情;(二)女人的幸福决定于她找到怎样的老公;(三)工作只是为了谋生,所以它最好不要给人太大压力,例如时间太长、责任太重;(四)对别人若有什么不满,不要在他面前表现出来,因为你不知道什么时候他会变成你的上司,或会不会有一天你要问他借钱;(五)女性不适宜在婚前有性行为,男性不同,他应预先积累较为丰富的性经验,因为他要负责主动;(六)被爱比爱人快乐;(七)对自己没有利益的事情,不应投资时间和心机;(利益的定义:在名誉和金钱上的进账;投资的定义:付出之后,可得回以数倍计的回报。)(八)一个人的力量是十分十分有限的,没有人能靠自己而改变社会,因而千万不要妄想以一双手来改变世界、社会、别人;(九)做人不要太执著,不要太认真;(十)着数不妨要多一点,蚀底却千万千万要提防,而基于所有的蚀底都是由于计算欠周详或做了没有把握的事而起,所以凡事都不宜走得太前或做第一排的第一个(先驱?),除非那条队是为了轮豪宅的筹而排;(十一)任何会有麻烦的事情都不要干涉自己;(十二)说爱你的人便应一辈子地爱你,不管你变成怎样,他变成怎样,或两人之中,有一个无论怎样也不改变。

　　说来惭愧,鄙人曾在香港小住,不知不觉多少受过这"十二条"的"洗脑",对香港也多少有些身临其境的感受。香港在大多数人心中或许是一个"天堂",但是真正住过香港的人,大多不这么觉得,虽然这座城市有一流的交通、一流的市容、一流的服务……但是身在其中总觉得"怪怪的"。你看,那么多人住在三十、四十几层的大高楼里,所有人家都没有阳台,有时候高架桥就设在你家窗前,女儿房间里做功课,面前呼啸而过一辆宝马敞篷车。在这座城市里,有钱的人那么有钱,没钱的人那么没钱,你无法理解,为什么一幢一百平方米的房子,在香港,因为面对大海,就要卖上千万,而这样的房子在杭州,根本是无人问津的;你还不能理解的,铺天盖地布满地铁站的广告,十之八九是露胸露腿的性感女性,这样一个貌似性开放的地方,却为陈冠希、阿娇的"艳照门"几近发疯,口诛笔伐……

　　遍观全书,林奕华谈到香港人性格时用的最多一个词大概就是"被动"。什么,"被动"?香港不是一个民主社会吗?民主社会的人怎么会被动呢?是的,确实如此。香港是一个外表"主动",内里"被动"的城市。在《〈老港正传〉:"被动"的香港》一文中,林奕华这样写道:"被动有很多种。左向港(片中男主角)是被动的被动。成功资本家企业家的成功便是来自懂得利用港人的被动性格来赚取利益。正因为这个市场的基本性质是被动的,在商言商者自然不会以过于主动的姿态创造新的需求,因而造成市场与大众同时对选择的不热衷——当中谁是鸡谁是蛋却永远说不清楚。"为什么会这样呢?林奕华说:"既不想活得平凡,但又只想(能)当个平凡人是香港人的终极矛盾,因为香港人既想享受不平凡所带来的好处,但又不希望承担不平凡者要承受的责任,是以无厘头主义才会乘势而起,并成为香港人最重要的精神食粮。"哦!我们全明白了。原来在香港这座城市里,所有人都在翘首看着一小撮人"主动"地生活着。他们搞民主、写评论、拍电影、排话剧……是他们给香港设计了一个名叫"主动"的 logo,而其他人,只把这个 logo 印在 T 恤衫上,然后穿在身上。

最后回到这本书的书名:《等待香港》。谁在等待香港?我们吗?我们在等待香港?我们在等待香港的什么?我们终于知道了,我们等待的,其实是那批在香港"主动"生活着的人,他们现在,正走向我们……

为什么香港需要明星?

毋庸置疑,香港娱乐圈已日渐式微,美人迟暮,风华不再。林奕华的这本《等待香港:香港制造》,在我看来,是对香港曾经有过的那个"阳光灿烂的日子"的总记录。

但评论这本书,我偏不从头说起,而以第四章的一篇《为什么香港需要明星》开始。香港明星千千万,上至天王天后,下至跑腿龙套。你在地铁里,说不定身边坐下的那位美女就是明年香港小姐的夺冠者;你在大街上,说不定擦肩而过的那位帅哥就是无线电视的签约者。正所谓众星拱月,月者,当然就是那个名叫"娱乐"的大王。可是,似乎很少有人问过这个问题:为什么香港需要明星?香港为什么不像需要明星那样需要其他人群(比如作家)? 在林奕华看来,答案很简单:香港人的趋之若鹜想当明星,"折射出香港人所追求的欲(愿)望,通常都是名成利就。美丽、受欢迎、有钱、有权势,过着一种名叫'享受人生'的生活。"哈,原来又是"钱作祟"!说到底不是为了给香港娱乐圈带来多少发展,而是为了一己私利。所以,打从一开始,香港人进入娱乐圈就"目的不纯"。

这么一来,让我们联系本文开头,关于香港娱乐圈何以日渐式微的原因就很好解释了。比如,香港的明星似乎永远不能本本分分做好自己的专长,只要一朝走红,就要发展成"影视歌三栖型","脚踩三只船",因为这样做可以多赚钱,做到利益最大化。相对的,我们什么时候见过好莱坞影帝影后(如汤姆·汉克斯、妮可·基德曼)要出唱片?他们不仅不向其他领域拓展,甚至连广告宣传都接得很少。这样对自己专业的专注度,在香港明星里是罕有的。缺少了专注,结果是往往三只船没有一只站得稳的。除非出现张国荣这样的"天才",能在唱歌和演艺上都有所建树。但"天才"何其少,怎能寄希望于"天才"? 又比如,香港电影在二十世纪八十年代初至九十年代中期的一段时间内曾经如日中天,成为全亚洲(甚至全世界)电影的楷模。但是在那之后便一蹶不振,一方面,原创性大大降低,另一方面,可模仿度却大大提升,越来越没有香港本土电影的味道。最能体现这一变化的事件,在我看来,就是2007年奥斯卡颁奖典礼上,解说误把刘伟强的电影《无间道》说成是"日本电影"。在义愤填膺之余,我想,若换作十五、二十年前的香港电影:《黄飞鸿》、《红番区》、《纵横四海》、《表姐,你好》、《大话西游》……总不至于被误认为是日本电影这么惨。香港电影自九十年代中期以来,出于利益的考虑,一步步向大陆市场靠拢。为了迎合大陆观众,当然,在口味上要做出调整。正是这种"调整",造成香港电影之越来越不"香港"。其实,无论是香港电影抑或香港文化,"知小"的态度是至关重要的。因为"知小",才懂得生存之道,才懂得要保持自身的独特性,不去插足"大而无当"之事。

说也奇怪,早年先"知小",香港娱乐圈尚能独占鳌头,只是电影界,就走出了不少实力派的明星:李香琴、何莉莉、李琳琳、黄淑仪、狄娜、李司棋、芳芳、汪明荃、姜大卫、石修、狄龙、谭家明、钟楚红、郑裕玲、张曼玉、周润发、张国荣……如今"事大主义"年代,动辄投资千万上亿拍大片,却再难有香港特色。有人说香港永远不缺人才,君不见,汤唯、周迅、郎朗、李云迪、章子怡、胡军、刘璇诸君都已成为香港娱乐圈的新生力量乎?此言差矣。其实,这正是我最担心的。在如此众多内地明星扎堆儿进入香港娱乐圈后,香港娱乐圈的本土味道将如何继续保持?皮之不存,毛将安附。我觉得香港娱乐圈的唯一出路,不是"开门",搞什么"优秀人才计划",而是"关门",在本土挖掘、培养有潜力的人才,鼓励创作那些小成本的、反映香港人最真实生活现状的电影和文学作品。

说到这里,我想我们也应该明白林奕华此书名的玄机了:香港制造。

电视·娱乐·圈

大家还记得 2007 年奥斯卡颁奖晚会的"《无间道风云》口误事件"吗?解说员把《无间道风云》改编自"香港电影",说成改编自"日本电影"。据说这一事件还造成了"爱国粪青"在网上的一阵小骚动。

其实,作为香港人本身来说,或许并不会太介意解说员无意的口误;因为坚信世间定有"报应"的香港人,看了那么多"山寨"自外国的 TVB 电视剧,也从来搞不清它们的真正来源。既然你自己都搞不清,当然也必须容忍别人搞错。

TVB 电视剧喜欢山寨,可不是我信口雌黄。大导演林奕华在最新出版的《等待香港:我与无线的恩恩怨怨》中,列举了 TVB 电视剧的"数宗罪"。且看:美国有《仁心仁术》,香港有《妙手仁心》;美国有《洛城法网》,香港有《一号皇庭》;美国有《甜心俏佳人》,香港有《男亲女爱》;美国有《绝望的主妇》,香港有《师奶兵团》……

早在《等待香港》的前两部《永远的香港人》和《香港制造》中,林奕华就用他一贯"刻薄"的笔触,解构了香港人内里缺乏创意的国际大都市市民形象。他一语道破:TVB 电视剧之所以受万众追捧的真正原因,并不是它拍得有多好,而是因为 TVB 电视台是个免费的电视台。——免费,正是香港人的死穴。

凡事只要不收钱,香港人就趋之若鹜。而 TVB 却利用这个平台,三四十年来输出了无数"香港主旋律"的价值观。比如告诉观众"一个人的力量是不能改变什么的",又比如,一个劲地鼓吹"怀旧"(不断翻拍金庸)和"娱乐"(在香港被称为"烂 gag"的低俗搞笑)。林奕华对这两种价值观的批评一针见血。

对"怀旧",他说:"(香港的电视观众)只能接受'怀旧'是消费主义时代情感的唯一出路。……(电视剧)当年尚被允许的缓慢节奏让人物的情感和彼此关系有足够的篇幅发展成'戏'。而在今日,'戏'早已由情感的凝聚变成情绪的爆炸,观众再不欣赏编导如何引导观众进入人物内心与情感,却是追求一场比一场强劲的发泄,而不惜摒弃逻辑和情理。"人们"怀旧"的真正原因不是过去有多美好,而是审美观念被彻底改变成肤浅的了。

对"娱乐",他说:"电视可以用来娱乐,但娱乐不是电视的全部。""娱乐真有可能只是娱乐?果真这样,则任何事皆可借娱乐之名畅通无阻,没有道德界线,没有社会禁忌。然而社会大众却最爱一边消费禁忌,另一边又道貌岸然,因为娱乐的重要功能之一,就是为需要权力、渴望权力的人充权。"说到底,"娱乐"是一种"意淫"。

实际上,林奕华本人就是颠覆 TVB 电视剧价值观的最好例证。他早年在香港坚持做小众话剧,就是不信"一个人的力量是不能改变什么的"这一套。记得梁文道说,林奕华一开始做小众话剧,不仅观众稀缺(有时候根本就没有观众),甚至还要遭人耻笑"不实际"。但林奕华还是坚持了下来,滚雪球一样越滚越大,最终变成现在这个可观的局面。我不赞同说林奕华只是社会上的"个案",于是没有代表性。因为社会是由独立的个体构成的,当每一个个体都成为突出的"个案"时,整个社会就会为之改变。

电视究竟可以改变我们多少?娱乐怎样制约了我们的生活?我想起孙悟空在地上画了个圈,叫唐僧、猪八戒、沙和尚都呆在圈里不要出来,因为外面有妖怪。唐僧没有法力,呆在圈里自是安全,然而,我实在搞不懂:猪八戒和沙和尚有什么理由也要乖乖地呆在圈子里,他们不是有法力跟妖怪搏斗么?(不管打不打得赢。)在现实生活中,有时候我们也弄不清楚自己究竟有没有法力,于是老老实实呆在圈子里,浪费了自己的天才。

难怪乎林奕华要在书中忧心忡忡地说:"港剧近年在大陆开始流行……香港人经过三十年无限乳汁的喂饲已'愈看愈蠢',难道连文化基础大不一样的内地观众也逃不出相同命运?但愿那只是社会由贫转富的必然阶段……而不是两地文化的殊途同归:原来有着发展的机会,却抓不住成熟所需的时间与空间。"

《等待香港:永远的香港人》
　　林奕华著,浙江大学出版社,2009年5月版。
《等待香港:香港制造》
　　林奕华著,浙江大学出版社,2009年9月版。
《等待香港:我与无线的恩恩怨怨》
　　林奕华著,浙江大学出版社,2010年8月版。

此"马"昂然独此群

——马家辉七书连评

香港话你知

　　最近一次整理书架,发现藏书中除了李敖,竟然就属马家辉的最多。从最早的《消灭李敖,还是被李敖消灭》到最近的《日月:源于异域的哀乐心情》,我已陆续买了7本。在我的人生中,李敖和梁文道是影响我最深的两位前辈,而把两位前辈串联起来的,正是马先生。马先生是美国威斯康辛大学社会学博士,人称马博士。大二时,我写了一本关于李敖的书,写信请马博士作序。马博士很客气地婉拒了我的请求。2009年6月底,我邀请梁文道先生来杭州,对他说起跟马博士的这段渊源。梁先生听后大笑说:"我回去一定告诉他。"此次马博士连出二书:《明暗:源于影像的微琐絮语》

和《日月：源于异域的哀乐心情》，我购得后一口气读完，甚是过瘾。人多赞马博士相貌好。马博士"当仁不让"，用玉照做封面，一背影，一侧面，"千娇百媚"。我捧着马博士的7本书，忍不住要向大家作推荐。

　　读马博士的滥觞纯属偶然。大学时候我研究李敖，查到一本名叫《消灭李敖，还是被李敖消灭》的书，作者名叫马家辉，一开始只是出于研究需要而读，未曾想一发不可收拾。多年后方知，该书初版于1985年，作者署名"韩妙玄"，"韩妙玄"正是马博士的笔名。该书出版背后的故事很具传奇性。19岁那年，本已考入香港浸会学院的马家辉毅然退学负笈台湾，考入台湾大学心理学系，为的是完成自己的心愿：在21岁前出版一部李敖研究的书。功夫不负有心人，大二下学期，马家辉见到了李敖，出版了著作，了却了少年时代的梦想。大二时我读《李敖私密日记》，莫名其妙经常看到"晚上，小马来"、"下午，小马来"、"中午，小马来"……后来才知道，这位"小马"君其实就是马博士，他几乎每天都去李敖家串门，有时和李敖谈天，有时帮着整理资料。李敖是个"问题人物"，为出该书，大学生马家辉成为学校"教官"（类似内地的辅导员）的重点看护对象，每每拉出去做思想工作。这也算是马博士为实现理想做出的"牺牲"！

　　后来我便专程到书店去买马博士的书。那一年正值他的两本影评集出版：《江湖有事》和《爱恋无声》。马博士的"黑帮情结"，我是在读了《江湖有事》一书后知道的。"惨绿少年时代，不是黑社会，却常幻想自己是黑社会，偶尔也对同学谎报自己是黑社会。"这位谎报自己是黑社会的少年，曾目睹舅舅毒瘾发作拿刀斫杀其父；也曾目睹湾仔街头黑社会砍杀末路穷徒……这些影像深深印在马博士的脑海中。可惜书读得太多，书卷气重，马博士最终无缘加入黑帮，只好纸上谈兵。这本以评论黑帮电影为主的小书，给我留下最深印象的是写北野武的这一段："日本已无武士道，但许多男人的家里，如果不是穷至家徒四壁，总会在某个角落藏着一把武士刀，或长或短，都是遥远传统的隔世呼唤。心血来潮时把刀揣在怀里，轻轻抚摸，一腔热血从胸中涌起，千军万马在耳畔奔腾，久违了的生命力骤然勃发，男人之为男人，在这刹那最为确认。"马博士的爱黑帮电影和日本人的爱武士刀有异曲同工之妙，一言以蔽之：虽不能至，心向往之。《江湖有事》和《爱恋无声》本是同一套书（《目迷·耽美》）的两个分卷，前者写"黑帮"，后者写"爱情"。马博士是一流的影评作者。好的影评不是仅仅告诉你电影的内容，这样很不入流；稍好一点的影评会把电影的背景等告诉你，这样能算三流；再好一点的能告诉你电影的"中心思想"，这样可算二流；而一流的影评，不顾这一类知识性的内容，作者只借评论电影之机延伸开去，把影评写成篇"百科全书式"的文章。这需要影评人拥有很高的学养，所以这一人群很小，马博士可算其中一位。例如他写《时时刻刻》，不仅告诉你戏中 Nicole Kidman 扮演的是大作家 Woolf；还告诉你 Woolf 的本姓其实是 Stephen，结婚后冠以夫姓；更告诉你这位才华横溢的女文豪从 13 岁起就饱受精神病折磨，终于在 59 岁那年投河自尽。不知道这些，看这部影片时，恐怕感受不到女主人公的痛苦与挣扎、煎熬与崩溃罢！

　　我觉得自己跟马博士冥冥中有点缘分，联系这缘分的就是他的书。2008 年下半年，我第一次去上海季风书园"朝圣"，因为行李多，所以决定只买一本书作纪念。一进门就看见马博士的新书《关于岁月的隐秘情事》摆在那里，立刻解囊相购。我把这本书看成是"男性中年焦虑症"的产物。马博士在《自序》里说:"最近几年对时间有了近乎神经病的紧张,总觉得不够用,总觉日子过得超快,怎么感觉早上刚起床,一转眼,已是凌晨两点,又是应该上床的时候了?"时光荏苒,老之将至,不免欷歔。书中《有一个人,有个夜晚,死在书下》一文,读毕尤其教人哀婉不已,知在香港做读书人之不易。有家书店叫青文书屋,现已很有名了,但它的出名,却是因为书店的结业和老板罗志华先生的溘然辞世。书店关门的前两天,马博士接到电话:"马生,青文门市部有两日就要闩门啦!"马博士来到青文书屋,见罗老板正在盘货,就半开玩笑地问:"为什么不来个清仓大平卖,便宜一下我这班老顾客?"谁知罗老板一脸严肃地回答道:"卖你个死人头!我将书全部搬去货仓,以后有机会再开店,再卖!"谁也没想到,不久传来罗老板死在货仓里的噩耗,凌乱的书堆底下,他的尸体静静躺着,两周了,"肉身已腐烂,血水渗出,书页通红"……罗老板想要重头来过、再开书店的愿望终究成了水中月。

  2008年暑假回香港探亲,我见到马博士的新书《死在这里也不错》,想买来着,但一看标价要港币88块,瞬间打消了念头。后来证明我当时的退堂鼓是正确的,2009年年初内地出版了该书的简体字本,价格不到港版的三分之一,大快人心。该书是一本游记。我是最不喜欢旅游的人,但足不出户又想尽知天下风光,最好的办法莫过于读游记。可是马博士去的那些地方:京都、布拉格、英伦、巴黎……对我来说简直如"天国"一样遥远。所以,无论是他赞美"四月的京都穿着一件薄薄的外套",还是抱怨布拉格"到处是罚款陷阱",还是惊呼牛津大学东亚研究图书馆"太美了,太美了",还是感慨巴黎"于萧瑟之余另有一番稳重的典雅"……我只做冷眼旁观——不来电！面对大好河山，我耳边总萦绕着约翰逊博士的名言：值得看，但不值得亲自跑去看。直到读了关于北京的几篇文章，才触动了我的神经。有一段文字是这样说的："似乎没有任何一位香港文化人不喜欢北京，空间大，机会多，最重要的是生活方式可以非常多元化，不管你属于哪类人，总能在此遇见同类。"我没去过北京，但被这段话说得怦然心动，心想：你们这些香港文化人，从陈冠中到马家辉，从林奕华到梁文道，一个个接踵北上，原来都是抱着这个目的。

在《死在这里也不错》出版后，紧接着，马博士又快"马"加鞭，于 2009 年七、八月间连续出了两本书：《明暗：源于影像的微琐絮语》和《日月：源于异域的哀乐心情》。拿到前者，我的第一反应是：想把这本书拆掉！这本影评集，如马博士自言，虽和后者同时出版，并且封面设计相若，但其实是《江湖有事》和《爱恋无声》的续集。所以我极有把三本书钉成一本书的欲念。看《明暗》，且不谈马博士写影评的功力了。我有一处好奇：马博士哪来那么多的时间看电影呢？读他在这本书里谈到的几十部电影，每部都看一遍（从马博士的文字中猜测，他大多是跑到电影院去看的），一部电影少说要花上一个半小时，那么，马博士除了在城市大学上班、接各种通告、写专栏文章之外，如何分身有术？真是了得！看得出来，马博士十分眷恋电影院。他在《自序》里说："电影院同时是我的精神和肉体的 comfort zone（安全地带），舍此无他；……因此《明暗》的文字是我对于 comfort zone 的最大致敬，把伴随电影而来的感觉切切实实地记录下来，才没辜负我与 comfort zone 的美好时光，戏院有恩于我，我是应该写的。"噫！大抵一个爱电影的人，首先应该爱上电影院！在家里对着电视或电脑看电影，缺少了一丝"古典"的美感。《日月》也有半本该被拆走,与《死在这里也不错》合并——都是游记。游记部分不说。《日月》的妙处在于另外一半——早年的专栏文章——这是我所读过马博士最好的文字了!梁文道先生在序文《不安于室》里说:"马家辉的《日月》记录了他专栏生涯的开端与现在,前半部是他刚刚出道的牛刀小试。"想当年,马博士人在美国念书,稿子寄回香港发表,告诉香港读者在美国生活的点点滴滴,所以我觉得可以算得上"留学生文学"。那时候的马博士钻研马克思主义,锐气十足,对各种社会不公现象批判毫不留情。譬如,只因为杂志社编辑改动他文章两个标点三个字,他就大加指责道:"愚蠢的人们啊,什么时候才学会什么叫尊重?"那个"硬汉马博士",完全不是现在这个写"柔情似水"文章的中年男人。所以,若有人想了解全面的马博士,或者想认真写篇关于马博士的论文,我会说:一定要看《日月》。当然,最好是连同马博士的另外三本书:《我们》、《你们》、《他们》(港版)作为参考。

某日信手翻书,忽见唐朝诗人作的《马歌》,诗曰:"此马昂然独此群,阿爷是龙飞入云。"我觉得把"马"字"歪解"成马博士的"马",这句诗读起来则更是妙趣横生。马博士在香港是很特殊的一个人物,不仅学问好,口才好,而且有香港和台湾双重背景,交友之广,叹为观止,跟娱乐圈的一帮重量级人物都混得极熟,罗大佑、林青霞等人都是他最好的朋友。这样脚踩文化、娱乐两界,确属罕见。更何况,文化界数他最英俊,娱乐界数他最博学,确实是"独此群"、"飞入云"。可以这么说:没有读过马博士,你的阅读体验中肯定会缺少一种颜色。

《消灭李敖,还是被李敖消灭》

　　马家辉著,中国友谊出版公司,2003年1月版。

《目迷·耽美:卷1:江湖有事》、《目迷·耽美:卷2:爱恋无声》

　　马家辉著,生活·读书·新知三联书店,2008年4月版。

《关于岁月的隐秘情事》

　　马家辉著,上海书店出版社,2008年11月版。

《死在这里也不错》

　　马家辉著,生活·读书·新知三联书店,2009年4月版。

《明暗:源于影像的微琐絮语》

　　马家辉著,中国人民大学出版社,2009年7月版。

《日月:源于异域的哀乐心情》

　　马家辉著,中国人民大学出版社,2009年8月版。

时评作为一种文学

记得以前在张大春的文章里读到,他抵香港后的第一件事就是打电话给马家辉,因为除了马家辉,他想不出还有更好的人选会是那样热情周到而又健谈八卦的。后来认识了马家辉,才知道张大春的话是多么的"精准"。一踩上香港的土地,换上SIM卡,我就情不自禁地马上打电话给马家辉。而马博士呢?立刻相约第二天一起吃饭。

甫见面,马家辉就递上一本书说:"我的新书,你如果不嫌重,就带一本回去吧。"我接过书来,道了声谢,然后把书名念了一遍:"站错边。"马家辉说:"'站错边'在内地是不是应该叫'站错队'?我有一个内地朋友说我写错了。"我说:"无所谓啦,反正看得懂。"

回家之后,我花两天时间把《站错边》读完。说实话,和在内地出版的马家辉的书比起来,《站错边》实在好看得多,它让我自然而然想起我和马家辉共同的偶像李敖。

或许有很多读者对马家辉的这段往事不甚清楚。19岁那年,马家辉因为崇拜李敖,只身从香港跑到台湾读书,目的是为了见到李敖并在21岁时出版一部关于李敖的专著。后来梦想成真,那本关于李敖的专著就是有名的《消灭李敖,还是被李敖消灭》。所以,当我陆续阅读马家辉在内地出版的一本又一本著作的时候,心里不断产生疑惑:这是那个把李敖视为偶像的马家辉吗?一点都没有李敖的影子啊!

及至我读完《我们》、《你们》、《他们》三本时评集和这本《站错边》之后,我对他的看法始有修正。这本《站错边》,是马家辉在《明报》上时评的结集,时间跨度大约是2008年下半年到2009年底。读罢此书,基本上就可以熟悉这一年半来香港的大小社会新闻了。

所有写时评的人,恐怕都会遇到一个心理障碍:时评大概只是"一时之评论",这样的文字读者读过即抛诸脑后,今日之评论或为明日之废言,那么写时评还有意义吗?梁文道在《常识》一书的序言中说:"只有一种情况能使时事评论不朽,那就是你说的那些事老是重复出现。如果时事评论的目的就是为了改变现实,那么现实的屹立不变就是对它最大的讽刺了。任何有良心的评论家都该期盼自己的文章失效,他的文章若有现实意义,那是种悲哀。"不过,作为时评作家的马家辉却有另一番见解。在他看来,时评或可以作为一种文学体裁而存在:"时评有效没效是一回事(如梁文道所说那只是'现实意义'),但在时评写作的技艺上,或可自成一套文化美学价值系统,自有一组评价坐标,朽或不朽,优或不优,执笔者自己心里有数，文字同业或内行读者同样心里有数。"

然后马家辉发问："'时评作为一种文学'，是可能的吧？"答案自然是肯定的。在中国历史上不少散文名篇——无论是贾谊的《过秦论》，还是魏征的《谏太宗十思疏》，抑或是苏洵的《六国论》——其实都是"时事评论"。最好的时评，自不限于针砭时弊，它还必须是承载历史厚重并能穿越时空的文字。比如《过秦论》里的"仁义不施而攻守之势异也"，岂不是放之四海而皆准的真理乎？《站错边》里也有这样的话，比如"自由的具体意思就是，我不仅有权利提出和坚持自己的观点，更有责任容忍你提出和坚持你的看法，我和你谁都没资格号称代表所有人，更没权利垄断任何一种身份一种意见；自由就是既不妄自菲薄亦不妄自狂傲，自由是'花园主义'崇尚繁花盛放，自由是不会认为自己才是香港人别人就不是香港人"。这样的文字，我看不仅当下适用，几十年内适用，几百、几千年内恐怕都会适用。所以，我觉得梁文道说时评若能传世便是"江山不幸诗家幸"，恐怕亦不尽然。要看你着眼的地方在哪里，如果着眼在就事论事把事情解决，那么时评就会很快成为过眼云烟；但如果只把突发事件作为载体，实际着眼处在谈论人类共同追求之最高理想，时评则未必会过时。

甚至于，我们有时候可把时评视为历史。爱尔兰政论家埃德蒙·伯克（Edmund Burke）说："不晓历史者注定重蹈覆辙。"如果我们能够时常将过去的时评拿出来温习，或许就能避免在许多地方再摔一次。李敖在50年前的评论《老年人和棒子》将老年人垄断社会资源导致青年一代没有机会的问题说得淋漓尽致，如若后人能常常复习此文温故而知新，何致今日这个问题仍旧如此严重？太史公在每一段历史后面加注的评论，也可以广义理解为"时评"。

所谓"究天人之际,通古今之变,成一家之言",代表司马迁曾经努力找寻过一种永恒不变的评论的尝试。而《史记》一书,难道不是常被人当做文学作品阅读的史书吗?

事实上,时评作者必须拿出写史的态度才能将时评写好,对历史负责对后世负责。至于时评阅读者,则更应该将《站错边》这样的书当做历史来看。君不见,香港社会之今日很大程度上即是内地社会之明日乎?——"同样有待'改善、完善'的是制度参与者的判断力和专业力,否则,即使再弄出十套八套好制度,依然可以由于人为的胡判乱断而搞得一塌糊涂。制度制度制度,多少好事与坏事皆假汝之名行之践之。"有朝一日内地制度建设完善之后,我们是否能有与之相配合的人才,这是现在就可以开始考虑的问题了。

所以说,时评当然是一种文学,好的时评值得一读再读。

至于这本书为什么叫"站错边"?正如马家辉引用英国小说家格拉汉姆·葛林(Graham Greene)的名言所说:"你总得选一边站的,如果你还想做个人的话。"而马家辉自己的观点是:"人,总要选择一种想法,然后笃信,然后实行,即使最后发现站错了,亦算对得起自己。"最近我看《书香两岸》杂志上一篇马家辉与梁文道对谈的文章,马家辉说他2009年决定"梁文道化",跟梁文道一样北上发展,结果发现自己不行,就他的性格而言实在无法忍受内地束手束脚的诸多限制,所以今年开始决定全面撤退了。内地有再多的机会,他也不再留恋了。

我所认识的马家辉,就是这样一个人,性格直率而坦荡。其他一些朋友见了马家辉,都跟我说他是一个很真诚的人。他的这本书《站错边》,就跟他的人一样如李敖般傲慢,好像在说:"怎样?我就是做了这个决定,就是要留在米米小的香港继续战斗,你们不要用深明大义来劝我,这是我的抉择与尔等无关,一切后果我自负!"

马家辉送我的《站错边》扉页上题了一句话:"希望你们永远选对。"哎,亲爱的马先生,"永远选对"怎么可能呢?这是一句像"万事如意"般的美丽空想。不过,你的书倒是给了我们信念,我们愿意像你一样"选择一种想法,然后笃信,然后实行,即使最后发现站错了边,亦算对得起自己"。

《站错边》

马家辉著,香港花千树出版社,2010年版。

用乱码谱一曲青春之歌

香港话你知

2009年,由梁文道、马家辉、林奕华、林夕等人组成的"香港卖纸团"登陆中国内地,引起巨大反响。

旧历年刚过,又一位香港重量级作家董启章也隆重加入到这个团体中来,想必将再领潮流。作为"诺曼底"到来的,是他于2003年完成的小说《体育时期》。

《体育时期》是一部关于青春的小说,情节很简单,讲述两个女孩:不是苹果和贝贝在一次意外中邂逅,然后成为好友,继而组队玩音乐的故事。

如果你经常关注香港的文学作品和影视作品,尤其是反映社会底层生活的那种,那么,你有可能会误以为香港简直是一个"乱伦之都"。电影《围•城》里不就有这样的桥段吗？失业的爸爸不堪忍受妻子离去后的孤单与压抑，强奸了自己的女儿，并且生下一个罪孽的孩子。《体育时期》里的不是苹果亦有相似的经历。而贝贝的父亲，也同样遭遇经济危机的打击，差点跳楼，家庭的变故使贝贝不得不放弃理想，选择在大学毕业后努力工作还债。

不能说很多，但在香港这个有着七百万人口的高密度城市里，确也有真实版的事情发生。这样的事情往往发生于经济危机之后，大批工人失业，生存环境的剧变造成群体性心理扭曲，许多耸人听闻的悲剧于是应运而生。董启章正是号到了社会的脉搏，把注意力投向在动荡时期下成长的青年一代身上，创作了《体育时期》。

我曾居香港，深知香港是一个竞争极强、压力极大、节奏极快的城市。在这样的地方，城市与个人的关系是极为暧昧的。如何用文学表现这层关系，自然成为文学家当仁不让的天职。恰如董启章在书中所说："当城市大于人，大于贝贝，大于不是苹果，那说明了人的空间已经缩到最小了；相反，人还是能反抗城市、拒绝城市的，还是可以挪用它、私自改造它的，把它变成属于自己的地方的。在这个小说里，个人与城市的关系就是这样子。"社会问题是极其复杂的，我们当然不能奢望用文学家的笔就能解决。但是，每一种努力、每一种尝试，都代表一股力量、一种声音。在《体育时期》里，我读出了董启章严肃而认真的人文情怀。

不过，在香港这个"购物天堂"，在一个用"不严肃"眼光看待文学的城市，做一个严肃文学家，董启章注定是孤单的。在"语言暴乱"一节中，董启章用电脑乱码，"天书"一般写了一封信。我看了这段文字，忽然有种莫名其妙的辛酸。——难道在香港，严肃文学不正是被视为"乱码"和"天书"一样的吗？

好在董启章知道，总有一些并肩作战的同志，虽不常抛头露面，他们却是存在的。小说里，有一次贝贝被问起和不是苹果的关系如何。她说："那就好像，两个人在黑暗里，站在一个地方，比如说是一个孤立的悬空的高台，你知道，只有另一个人和你在一起，一同处于那境地，但你们又不能互相很清楚地看见对方。你们只能靠那种共同站在那里的感觉，相信自己不是孤单的。"对，我相信起码董启章有一份信念，相信自己并不是孤单的。

一座天才城市的生命，往往是一个天才作家赋予的。张岱之于杭州、老舍之于北京、张爱玲之于上海、张大春之于台北，莫不如是。香港，论金融，执牛耳；论文化，排倒数。我原已对香港小说不抱希望，但因为有了董启章，而让我看到了曙光。《体育时期》，他用乱码谱写了一曲青春之歌。

《体育时期》

　　董启章著，作家出版社，2010年12月版。

二声部小说的切换游戏

"栩栩,你应该知道,我绝对不愿意把你视为我的创造物。而我,作为文字工厂的制作者,也不能以造物主自居。因为,无论你我,也得服从于自然的法则。纵使你是因我而生,但我总希望,作为人物的你是活生生的,独立的个体,有你自己的生命,你自己的历程,你自己的意志和肉身。"《天工开物·栩栩如真》中的"我"对笔下虚构的人物栩栩如是说。

《天工开物·栩栩如真》,光是这个书名就让我回味了好一阵子。"天工开物",当然是取自明末宋应星的同名著作,那部被誉为"17世纪中国百科全书"的书,意思是,世间万物皆为"天"所创造。小说中"我"的家族,从清末民初祖父董富开始在殖民地Ⅴ城生活,人与城共同经历的百年剧变,都可视为"天工开物"。而"栩栩",是小说中"我"所虚构的一个文学形象。"我"一边创作栩栩的故事,为她营造一个虚拟的历险世界;一边不断给栩栩写信,告诉她"我"的家族的历史。所以,从一开始,"我"就知道"现在我这样写给你,却没有想过会得到回复,事实上也没可能得到回复"。"我"把栩栩当成一个现实中的人来对待,力图使栩栩感受到周遭氛围的真实,所以叫做"栩栩如真"。"天工开物"和"栩栩如真"的切换式书写,成为这部小说最大的特色。用董启章自己的话说,这叫"二声部小说"。

不过说实话,我自觉"天工开物"对我的吸引远胜"栩栩如真"。有很多次,我几乎有按捺不住想要跳过"栩栩如真"一口气读完"天工开物"的心情,但最终都忍住了。为的是,不舍得放弃董启章精心为读者开辟的阅读路径。窃以为,除非按照顺序逐篇读下来,否则是无法完全和董启章一起玩这场"二声部小说的切换游戏"的。没错,读《天工开物·栩栩如真》,就像是跟董启章做游戏。因为董启章创作这小说,本就有与老天爷游戏的成分在。假如真的有"天工开物",世间万物皆由"天"所造,那么身为"万物之灵"的人类,为什么不可以也为"别人"创造一个世界呢?董启章于是模仿"天"的行为,创造了栩栩。在栩栩的世界里,董启章无异于"天"。

其实,当我们在阅读《天工开物·栩栩如真》的时候,我们的阅读体验也被创造了。我们沉浸于董启章的文学世界,把自己投射进小说,如同置身于小说里一样。比如某日午夜,当我读完"天工开物"部分的第一章"收音机"之后,忽然有了重温收音机的念头。我翻箱倒柜找出那只尘封多年的收音机,戴上耳机,听着电波里那煽情而空洞的美妙嗓音,仿佛回到了年少无知的青涩岁月。又一日午后,我读"天工开物"部分第四章"衣车"(粤语中的缝纫机),读到那些充满暴力的文字——缝纫机的钢针一针一针刺穿布娃娃,把原本零散的它连接到一起——我几乎有切肤之痛。因为幼年时,我曾目睹表姐把手指放在缝纫机的钢针下,踏动脚板,钢针把她的手指刺穿,血流不止。我虽与董启章不是同龄人,但书中所写的大部分器物我都曾亲眼见过或用过,故而颇有共鸣。但是每当我燃起兴奋之情的时候,"栩栩如真"的插入又将之适时扑灭。二声部的切换,让我有一种"谷峰一谷底"的坐过山车式快感。董启章对读者心理的把握,堪称一绝。

在这场"二声部小说的切换游戏"中,充满了小说家鬼斧神工的各种绚丽技法,阅读它,无异于脑中刮过一阵风暴。《天工开物·栩栩如真》只不过是董启章"自然史三部曲"中的第一部,接下来的《时间繁史·哑瓷之光》和《物种源史·贝贝重生》将分别以三声部和四声部模式呈现。我已迫不及待想要领略这种阅读体验了,希望书能快些出版。如果你对董启章的小说世界深信不疑,那么,我保证你会获得更多的阅读快乐,因为"那正如《圣经》里耶稣所说,没有看见而相信的人,是有福的"。

《天工开物·栩栩如真》

　　董启章著,上海人民出版社,2010年3月版。

为己读书

梁文道又出书了。我曾一度担心,如此快速的出书速度会不会造成梁先生知名度的透支使用。但从有一次亲历厦门"外图书城"签售会的情况来看,这一担心似乎并无必要。读者,特别是年轻读者,特别是年轻读者中的女读者趋之若鹜,排队者摩肩接踵、络绎不绝,主办方后来强制暂停,才使签售会得以在延长近一小时之后结束。"少女杀手"梁文道,果然不是浪得虚名。

最新出的这本书《读者》,延续了梁文道一贯的风格:文字质朴,思想尖锐,读起来爽快。如果你看惯了他的读书节目"开卷八分钟",再来读这本《读者》,会发现他的文字跟他的主持风格一样活灵活现,所谓"跃然纸上",你肯定马上就能体会到了。

而梁文道那种毫不装腔作势的洒脱风格(你知道吗？他主持"开卷八分钟"从来不准备讲稿的)，也使这本书能够从一开始就扣人心弦。书中有一篇介绍波德里亚的文章，提到波德里亚曾在"九一一"事件之后说"恐怖分子干了我们大家都想干的事"。梁文道在《读者》的一开头也冒天下之大不韪，"干了我们大家都想干的事"：教你"如何谈论你还没读过的书"。难以置信罢，原来即便你从来没读过一本书，也是有办法假模假样地把一本书谈得头头是道的——这就是所谓的"书皮学"：光是看看书的封面、封底，翻翻目录，在网上查查相关资料……你就完全可以去冒充某"读书达人"了。历史上不少有名的大学者都干过这样的事儿。

其实读书这件事，真假只有自己知道。如果你只是想让别人觉得你读书很多，或者貌似很有学问，一点也不难，比如你可以去开一家书店，也可以去混个博士之类。但无论你怎样煞费苦心地去蒙混过关，到头来还是自己骗自己。即便你在这个"装"的过程中确实学到了不少东西，可你一开始就站错了立场。所以，我常想起梁文道在他的第一本书话集《弱水三千》里说他有一方藏书印最喜欢，上面刻着四个字："为己读书"。不要骗别人，更不要骗自己，为了自己，好好读书。也正因此，梁文道从来不赞成推动什么阅读运动，"不时出动大家都认得的名人推介好书，甚至集合一大批小孩集体朗诵"。他认为，"这样的运动不仅'推动'不了阅读风气，还会把它推下海淹死"。真正的阅读，是那种出于好奇心，出于对知识的敬畏，出于想要一探人类智慧财富的，而绝非那些为了炫耀知识，或为了用知识来谋取利益的。

这一点梁文道在《读者》的"跋"里也作了进一步说明。他说"书目"这种文体最早出现是为了让读者在读书之前先对想读的书的作者、版本、内容等信息有一个大概的了解,以及可以知道欲钻研一个问题还有哪些同类书可以参考,不至于像个无头苍蝇似的一头扎进纸堆里无所适从。于是,梁文道得出这样的结论:"我猜测传统的读书人应该是要谦虚的;书目在手,他明白自己没见过的东西实在是太多了。"

梁文道有个传说中的绰号:"香港中文大学有史以来读书最多的人"。得此美誉,真难想象要读多少书。然而即便学富五车,在《读者》中我们却感觉不出梁文道有丝毫的骄气,相反,我们常常能从他的文字中读出谦虚、谦卑、谦和。可是,"安能使我摧眉折腰事权贵",他的"三谦主义"绝非趋炎附势,而是铮铮骨气。李敖曾说:"我从无满脸骄气,却总有一身傲骨。"我想,真正的读书人,一个敢于自称"读者"的人往往都是这样的。"气"若游丝,满脸骄气的人常常只是血气方刚,随着年纪稍长就"打蔫儿"了。只有傲到骨头里,才能一路走来,始终如一,并且所表现出来的是彬彬有礼的一面。

哈哈,从一本书话集里,我们读出了做"读书人"的道理。

《读者》

梁文道著,法律出版社,2009年10月版。

一座城市的"双视野人"

如果您翻开唐朝地图仔细察看东部沿海,会发现一个"奇异"的细节,那就是所谓中国近代史上最重要的城市——上海,在那时根本不存在,她还只是一片汪洋大海。上海是一个多么年轻的城市,由此可想而知。

然而,没有人会否认上海在中国近代史上的地位。她是中国最早开放的通商口岸之一,是中国最早接受西方文化的窗口;她的繁华,代表了整个中国的繁华;她的没落,代表了整个中国的没落;她的复兴,代表了整个中国的复兴。这就是上海。在当今中国,她依旧是个让人又爱又恨的地方。

爱上海,大多因为这座城市聚合了各种惹人爱的瑰丽景致;恨上海,大多因为这座城市居住了一群惹人恨的刻薄市民。我也不知道上海人从何时开始变得这么令人讨厌。但是,从香港中文大学历史系主任梁元生先生的新作《晚清上海:一个城市的历史记忆》中,我却读出了完全不一样的"上海人"。

之所以给"上海人"加上双引号,是因为我始终质疑"上海人"这个概念。在我的印象中,由于人口迁徙量大而频繁,居住在上海的市民始终是来自五湖四海的。是故,似乎没有所谓真正的、本土的"上海人"。比较正确的说法应该是"上海居民"才对,从古至今皆然。

清末对上海影响最深最远的那些人,比如历任道台(最高行政长官),亦是来自四面八方,其中来自浙江的最多。这些人,为上海的"现代化"做出了卓越的贡献。还有那些云集而来的商人,没有他们,就没有上海的财富积累。再加上文化人,那些"上海狂士",用他们的如椽大笔创造了独特的"海派文化"。这些人一只眼望着传统文化,另一只眼看着西方文明。因此,梁先生给他们取了一个"花名"叫"双视野人"。

"双视野人"有何特别之处?"清末的上海正处于传统与现代并存交替、中西文化相互冲撞的一个局面。有不少的人还是相当保守的,厌恶新的事物,不愿接受新的世界;也有一小撮人崇洋媚外,彻底西化,这两类人皆是'单视野人',看不见两个世界各有可取的成分。"而"双视野人"扮演的角色,恰是穿梭在中西之间,调和双方信息,找到一个平衡点。例如上海人李钟峨,曾于1887年访问英属新加坡,并写下《新嘉坡风土记》(新嘉坡,现译为新加坡)一书,对英国在殖民地实施的各种制度,包括防火系统、供水系统、教育系统、医疗系统等等,做了相当正面的评价。日后,李钟峨成为上海城厢总工程局主席,大力改善上海城区的公路、电力、水力等公共设施。他的政绩,与他是"双视野人"的身份密不可分。

而从历任上海道台看,"双视野人"的一大特色是:他们在年轻的时候大多提倡西学,而在老年"归隐"之后则醉心于传统文化。为什么同一个人会有如此大的反差呢?梁元生先生给出的解释是"责任"二字——

"作为地方官吏的责任是管理地方上的治安、行政、教育和民生福利,这些责任和传统的文化、道德是互相配合的;但在上海开埠后,上海道台的责任增加了,包括应付外交和管理或监督官方的洋务事业,而这些事物许多是上头或外面加诸地方官身上的,由不得他去选择。意思是他有两重的责任,既有现代化的一面,也有传统性的一面……对于这些官员来说,现代和传统基本上不是可以选择的取向,而是需要兼顾而又能平衡的责任。"

信息的来源决定了人们对时局的判断。在清末,如果一个人只从大清国内部接收信息,那么大概他仍旧以为自己生活在"太平盛世";相反,如果一个人只从列强那里接收信息,那么他或许会认定"中国必亡"。"双视野人"的可贵之处就在于他们有机会从不同渠道接收信息,经过筛选之后,作出较为准确的判断。当然,这样的人在清末一定是凤毛麟角的。但是在今日,互联网如此发达,搜索信息如此便利的情况下,我相信每一个人都有能力成为一个"双视野人",问题的关键在于您想不想,而不是能不能。上海今后若要继续开中国社会风气之先,不能只靠经济,还要靠无数的"双视野人"。

《晚清上海：一个城市的历史记忆》

梁元生著，广西师范大学出版社，2010年6月版。

看香港"财主佬"怎么过日子

书评人可以歇歇了

我经常会饶有兴致地打听一些关于富翁的八卦故事,因为好玩。比如美国大名鼎鼎的柯达公司的创始人乔治·伊士曼,一辈子叱咤风云,可是到 78 岁那年,突然不想活了,写下一封遗书曰:"我的工作已经完成,还等什么呢?"然后举枪自杀。这个富翁,觉得自己没事可做,自己终结了自己的生命。美国另一个大亨霍华德·休斯,拍电影、盖大楼、造飞机,是世界上最富有的人之一,晚年却突然从人间"蒸发"——隐居起来。某次一担经济案件需要他出庭作证,不出庭则罚款一亿美金,休斯宁可选择罚款也不出庭作证。传说他晚年是因为害怕细菌,于是把自己放在实验室里隔绝起来了。我每次读到或听到这些有钱人生活的故事,都觉得很是有趣。人在衣食无忧之后,真是会干出点稀奇古怪的事儿来的。这正应了那句老话:"多余的钱只能干多余的事。"

邓永锵爵士在香港是名流,整天和无数香港的"财主佬"打交道,出入他们的屋舍,出席他们的宴会,所以,也积累了不少关于有钱人的奇闻趣事;这些趣事当中,许多还真是香港"财主佬"所特有的,形似"欧洲贵族",其实只是"香港土鳖"。

以家居为例。邓爵士到一些阔绰的朋友家做客,一进门就被要求脱鞋,因为怕弄脏了他们家名贵的地毯。"人要迁就地毯,而不是地毯为人服务",这就是香港"财主佬"的特质之一。同理,不少人客厅里摆有钢琴,但十之八九都是不会弹的。我猜想,不仅主人不会弹,客人要是想牛刀小试,也会被主人勒令阻止罢?——"哎哟!别碰!那是从德国进口的!"

用广东话说,香港有钱人就是喜欢"扮嘢";用北京话说,叫"装"。装得久了,往往真以为自己是什么了不起的人物。所以,第二个特点出来了,就是:怕死。"有钱人必定很怕死,因为死亡对他们来说是 everything to lose(失去一切);相反,街边露宿者则不怕死,因为他们是 nothing to lose(一无所失)"。一则笑话调侃有钱人:某富豪被人抢劫,歹徒持刀威胁他说"你要钱还是要命"。富豪默不作声。歹徒以为他不怕死,把刀架在他脖子上,厉声又道:"你到底要钱还是要命?"富豪这才汗流浃背地说:"大哥,我正在想啊,你再给我点时间好不好?"这虽是一则笑话,但我猜想很多香港"财主佬"若遇到现实版本,真的会上演此情此景。他们或许会花时间想一想,我的钱有没有转入子女名下?如果已经转入了,死就死罢,要钱没有,要命有一条。

所以说,香港有钱人是不懂什么叫"奢华"的真谛的,他们的一生，往往只是"钞票收集者"，而不是"财富拥有者"。邓爵士在《如何才算奢华到尽》一文中道破了这层玄机。

香港"财主佬"经常购置十处房屋，一套住，九套闲，然后向别人炫耀自己"不去用"那九套房屋，是为"奢华"。当然，这也是"奢华"之一种，是"不去用"的"奢华"。但是，世间还存在另一种"奢华"，叫做："尽量用"。譬如买衣服。邓爵士很不理解为什么有人会买一些只在重要场合才会穿的衣服，而平时都只穿廉价的衣服。他本人有一双 Lobb 的皮鞋，价值三万五千大洋。他买下这双皮鞋之后的第一个念头是：它们这么贵、这么好，我一定要经常穿，享受个够、用个够，这样它们才有价值。两种"奢华"的概念，造就了两种人。邓爵士说："我认识很多有钱人，也认识很多穷人。我亦认识很多活得像穷人的有钱人，和很多活得像有钱人的穷人。这一切都关乎他们如何用钱……"香港的"财主佬"，过得往往都是"不去用"的"奢华"生活。

前几天我和一位朋友闲聊，她说起自己的一位西班牙友人，钱不多，但过得很"小资"，并跟我分享了很多如何在没钱的情况下活得恣意的妙招。我想，这大抵就是香港富人和欧洲穷人的区别。仔细想想，我们内地的"暴发户"，是更像香港富人呢，还是更像欧洲穷人？

《反寸世界》

邓永锵著，天窗出版社，2010 年版。

自己访问自己

——梁文道《访问》读后记

自：你连续两晚熬夜,终于把梁文道的《访问:十五个有想法的人》读完了,是吗?

己：是的。好久没有这样熬夜看书了,因为怕影响第二天的工作。但是没办法,这本书实在太精彩,没办法不很快读完。

自：能谈谈这本书吸引你的地方吗?

己：这本书是梁文道为《读书好》杂志的访谈栏目撰写的文字。《读书好》在香港,现在已颇有影响力了,但刚开始,只是梁文道继《读好书》失败之后的又一尝试。无疑,这次他成功了。

我觉得这本书,好就好在"有想法"三个字上,不得不佩服梁文道挑选采访对象的眼光,这十五个人,像赵广超,是个研究古代建筑的专家;像王贻兴,是投身演艺界的新锐作家;像陈智德,是几十年如一日坚持写诗的诗人;像舒国治,是云游四海的流浪者兼散文大师;像陈云,是从小习武"替天行道"拯救文字的"道士";像长平,是"三起三落"的时评作家……无一不值得大书特书。

自:能详细举例谈谈吗?

己:没问题。比如说王贻兴罢,他是董启章的徒弟,香港文学双年奖史上最年轻的得主,可是,他现在却投身演艺界成了一名艺人,不过是玩文化的艺人。他之所以这么选择,理由很简单,他不愿意像师傅董启章那样优秀却无人知晓。用他自己的话说,"像师傅(董启章)他们写得么好,却没有人欣赏,我觉得很可怕。你潜心修炼几十年,当然希望能够一鸣惊人,或者帮到人,或者帮到自己。但最后若是没有人知道,亦没有人理会,你会问这几十年做的是否白费?我不想我喜欢、追求和付出的事业,会令我将来倒过来埋怨它。"王贻兴少年时曾拜访过香港文学家海辛,看到海辛穷得连修电视机的钱都没有,要贱卖自己卖不掉的书换钱。可是,王贻兴在文学史上明明读到人家赞美海辛多么伟大,为香港文学作出过多么大的贡献。这难道不是很吊诡的事吗?所以,王贻兴选择要做一个"把好书变成畅销书"的人,于是投身演艺界。

另外一个例子是陈智德,他就选择了完全不同的路子。他是个诗人,而且一直坚持写诗、研究诗,他和梁文道是中六同班同学,今年应该也四十岁了罢。你知道,在这个时代,写诗是很疯狂的事情,没人读诗。所以他很清贫,失业快两年了,可还在坚持。他说:"我觉得我选择了这个身份,选择了写诗,换来的当然包含了一种满足感,何况我真心相信它的价值。但另一方面,它亦会给我带来寂寞、非常低的经济回报。到现在这一刻，我仍然接受，且觉得应该是这样的，就是说，我们搞文化的，是不会，也不应该发达的，不像搞金融、搞地产的。我不会羡慕别人，我觉得我现在的情况是应该的，心甘情愿。我不觉得自己很惨、很卑下。不会！是我自己的选择，而且还会继续下去。"

自：听上去很悲壮。

己：是啊，很悲壮。可是你仔细想想，也不无道理。现在这个社会上，有太多赚钱的方式了，你想发达，就没必要搞文化。我有位朋友，想用撰稿挣出一套房子来。我不愿打击他，但是每次我都心想，要赚钱，你为什么不去炒股票、炒黄金、炒楼呢？香港有句俗话："食得咸鱼抵得渴。"真的，如果你怕吃苦的话，最好就不要来搞文化了；否则你会觉得自己很可怜、很寂寞、很无助。

自：你刚才说到舒国治，他是不是就是耐得住清贫的典范？

己：没错，舒国治很好，活得很潇洒。他说自己前几年，银行账户里常常都是不足千元台币，但是他还到处去旅行、去流浪。他家里，家徒四壁，没有电视机、没有空调、没有电风扇，只有床和桌。文学是什么？是对生活和人性的感悟。正因为舒国治没有老子说的"五色使人目盲"，所以才能把生活看得清清楚楚。你看他写美食文章，写的不是鲍鱼燕窝，就写一碗米饭，写米饭要怎么做才最好吃。他又说夏天不要吹空调，要流汗，流汗的夏天才叫夏天。我觉得这才是真正的文学家。

自：那你反对王贻兴这样的"文人"喽？

己：也谈不上反对，这是他自己的选择，我也很欣赏，不是件坏事。梁文道在这篇访问的后记里说（这是唯一一篇有后记的访问）："王贻兴说得没错，他和董启章遇到的问题是一样的：一个作家的作品和他身处的现实到底有什么关系呢?只是董启章交出了愈来愈厚的文学思考,而王贻兴则选择了不同的应对方式。万一某天,王贻兴忘记了今天说过的话,我想无人有权责怪他半句;因为无人有资格要求所有作家都该像海辛那样,名载史册,但是要用卖不出的旧作来支付修理旧电视的费用。"

自:这段话很动情,也很实在。

己:每个人都有权选择自己的人生,只要不危害他者,都是值得尊重的。读完《访问》这本书,最大的体会就是,这十五个人,走的路完全不一样,但是却都很有贡献。我不太认同唐骏所说,说他的成功可以复制,我觉得任何人的成功都是不能复制的。你要走出自己的人生,不要去学别人。

自:你开始说教了。

己:对不起。我只是在说我的体会,可能语气有点走样。

自:你自己当年不是也想过要成为第二个李敖吗?

己:所以我说我进步了,觉悟了。我后来知道我成不了"李敖第二",既做不到,也没必要,我做好"许骥第一"就很了不起了。

自:那你继续努力吧。我们结束访问,结束这种人格分裂的状态好吗?

己:好的。

《访问》

梁文道著,广西师范大学出版社,2011年5月版。

港督的声音,你可曾听得见

　　港督,一个香港人曾经如此熟悉,而现在却如此陌生的名词。在1997年以前,港督是来自遥远的岛国不列颠,由英女王授命,负责管理香港的政府官员。老香港人对港督虽说不上感恩戴德,但是没有人会否认,香港是在历任港督,尤其是在从柏立基到彭定康这最后六任港督手中,从一个普通的港口城市晋升到世界性大都市地位的。这一点历史不会忘记。

　　2008年香港电台庆祝开播八十周年,打算与香港商务印书馆整理出版一些珍贵录音。经过近两年整理,《最后六任港督的声音——就职·施政·离任》一书终于出版了。按照香港历史档案馆前馆长朱福强在"序"中所言,阅读此书"我们可以回顾英国政府在香港殖民管制最后四十年的重要施政","更能帮助我们深入窥见英国政府对香港管制的种种考虑,以及理念和态度上的改变"。此言不假。只是,作为一名"80后"的年轻读者(无论是内地的还是香港的),阅读这本书还有一个好处,那就是可以帮助我们了解香港的过去。在这个"景观失忆"如此严重,几乎所有人都以为香港从来都是如此繁华的时代,知道一些香港的历史,确实是很有好处的。

例如,现在到香港旅行的人大概都会觉得,香港是个很"浪费"的城市——冷气开得超低,电灯通宵达旦,街上设有直饮水……很难想象,香港在20世纪70年代以前是个在水电资源方面均十分匮乏的地方。淡水资源稀缺,以至于1963年香港遭遇开埠以来最严重的水荒时,政府不得不采取每四天供水一次,每次只供水四个小时的限制措施应对。当时的港督柏立基在就职演说中,把旱情提到了最高议程的位置上。英国政府租赁运水船队为香港运输来八亿五千万加仑的饮用水。柏立基说:"没有一个政府会比我们租赁委聘更大规模的运水船队。"他一边勉励香港市民"不懈地戒备,节约用水,俭省至吝啬的地步",一边积极与北京政府商谈,争取借调珠江水供给香港。至1965年(柏立基卸任港督后的第二年),随着"东江供水系统"建成,香港才摆脱了缺水问题。

20世纪60年代,是香港经济起飞的重要酝酿期。不仅是香港,日本、韩国、中国台湾、新加坡等地,都在蓄势待发,准备经历一场大变革。而此时上任的港督戴麟趾,在他的就职演说中,也透露了英国对香港的期许与愿望。他说:"我们一定要确保香港过去数十年来的地位,使之继续成为一个有秩序、进步、稳定,以及给人希望的天堂,提供一个有信仰及信心的环境,让人民每日可以活在当下,而不需为昨日感到不必要的遗憾,以及为明天而感到彷徨。"又说:"我们要设法使得社会各个阶层共同工作,如果有歧见的,不妨诚恳表达,但切忌无用及无谓的争辩。"其实香港在那个时候,远没有实现戴麟趾口中的那些"愿景"。彼时的香港,是一个治安差劲、秩序混乱、贪污成风、公民意识淡薄的地方。但是我们能从他的演说辞里感受到一份决心。到接下一任港督麦理浩上任时,港府就针对社会问题进行了行之有效的改革。最功勋卓著的一项,自然是妇孺皆知的廉政公署。

廉政公署新官上任三把火,横扫香港的贪污之风,但也造成了严重的反弹情绪。1977年10月,廉政公署拘捕了140名九龙区警官,两千多名警务人员因不满其做法而上街示威,请求警务处长要求港府削减廉政公署的权力。激进的警员甚至冲入廉政公署总部大肆捣乱伤人。面对难以控制的局面,麦理浩于当年11月7日发表了《警员特赦令及修订警务条例》平息了暴动。具体的做法是,"不再追查1977年以前的贪污案件,已发拘捕令或案情严重的例外"。这一举措颇有成效,立刻缓和了矛盾。没过几年,香港的贪污之风即被扼杀。时至今日,香港已成为全世界最廉洁的地区之一。

麦理浩在任期间,还推动了多项利民政策,如1978年的"居者有其屋"计划。该计划帮助绝大多数香港市民圆了"住房梦"。1979年,"房屋委员会通过新计划,凡年龄超过60岁的人,可用合伙登记办法申请入住公共房屋",这就是今日所谓"公屋"的雏形。在这些利民政策的庇护下,当第二十六任港督尤德就职时,已经能非常自豪地说"香港已由一个平凡的海港发展为一个庞大而现代化的城市,足可与世界其他大城市相媲美"。

尤德上任后，中英双方展开会谈。1985年，英国政府通过《香港法案》，宣布由1997年7月1日开始，结束在香港的统治。此后，香港和内地的联系愈发紧密：深圳罗湖双层人行桥启用、大亚湾核电站启建。港督也频繁造访北京，为香港经济推波助澜。1986年12月4日，尤德在访问北京时突发心脏病猝死，成为唯一一位在任内去世的港督。出师未捷身先死，长使英雄泪满襟。

尤德的继任者卫奕信，以及末任港督彭定康，他们在任期间，香港的未来已经十分明晰。此时的香港，已经是数一数二的国际化大都市。他们的任务是维持香港的繁荣，在此基础上，为香港市民谋求福祉。彭定康在就职演说中，说了一段颇为客观而且动人的话："香港能成为伟大的城市，并不是因地利而幸致，而是因为拥有珍贵无比的资产。在这个健全的行政架构和法治社会中，香港市民生活、工作和共享繁荣，他们积极进取的精神，充沛的活力和干劲，不断的努力，就是香港弥足珍贵的资产。"

没错。如果说今天弹丸之地的香港，还能称得上是中国社会的"榜样"的话，靠的就是彭定康口中的"弥足珍贵的资产"。我们理应对香港的未来怀抱信心，她是中国公民意识、法治、民主等等的先行者。过去是这样，现在是这样，将来也是这样。最后六任港督的声音，值得温故而知新。

《最后六任港督的声音——就职·施政·离任》

香港电台编，商务印书馆（香港）有限公司，2010年版。

消费社会中的女人

你听说过一个叫钱玛莉的香港女人吗?从 1970 年代末开始,她把自己的故事写成一篇篇精致的文章,用连载的形式刊登在香港著名的《号外》杂志上。这些关于女人男人、爱情友情、职场情场的文字,没想到一连载就是整整七年。钱玛莉足足写了二十万字。这些文字不仅成为香港"本土文化独立宣言"(马家辉语),也成为对"狮子山"时代的最佳见证,比之二十年后的火爆美剧《欲望都市》毫不逊色。

钱玛莉过的是典型的 20 世纪 70 年代香港白领女性生活,被物质充斥得密不透风。所以,这本书里也到处可见各种名牌的身影。这些白领的脑子里,每天想的都是如何赚更多钱买更贵的奢侈品,如何嫁更有钱的老公,以此来取得朋友们青睐的目光。小说一开始,钱玛莉就因为身着 Kenzo 牌衣服,被《号外》杂志的众编辑盛赞"有趣"。有人忽得灵感,给她开了个专栏——《穿 Kenzo 的女人》。从那天起,钱玛莉就把自己毫无保留地展现在读者面前,无论是新欢、旧爱、分手、失恋都一览无余。身边虽有无数男人在追求她、供她选择,钱玛莉却在找寻一段"完美"的婚姻。最令她纠结的是:在爱情与金钱之间,究竟孰轻孰重?怎样去深入了解一个男人,以便确信自己要和他白头到老?

钱玛莉是高级白领,收入丰厚,可你千万不要误以为她会满足现状。冷静的时候,她勉励自己通过努力得到更好的生活;但浮躁的时候,她也会发出这样的怒吼:"我已经厌倦做一个高级行政人员,我的梦想是一个高级行政人员无法达到的,我需要很多的金钱,唯一的方法就是嫁一个很有钱的丈夫。不要再在我的面前提起那些月入一万的男人了,和他们结婚是死路一条!"钱玛莉的话虽然说于二三十年前的香港,可在今天内地社会里,还是很有共鸣的。

钱玛莉生活的社会,应该就是鲍德里亚笔下的"消费社会"吧?法国著名后现代社会学大师鲍德里亚在他的经典著作《消费社会》中,为我们完美解读了我们身处的这个社会最重要的一个特质——消费。

过去的社会人与人之间的差异,是由诸如宗教、血缘、肤色等相对"不可变更"的因素决定的。而今时今日,人们则通过"消费"来区分人与人之间的关系。"人们从来不消费物的本身(使用价值)——人们总是把物(从广义的角度)用来当做能够突出你的符号,或让你加入视为理想的团体,或参考一个地位更高的团体摆脱本团体。"简单的例子,开奥迪牌汽车的人的圈子和开奥拓牌汽车的人的圈子不会有交集,住别墅的人的圈子和住农民房的人的圈子也不会有交集——拥有什么样的物件,以此证明你属于某个阶层,就是这个道理。

而"消费社会"的特质在女性身上尤为显著。因为和社会中的男性"角斗"式的竞争相比,女性更多扮演"作为争夺对象进入男性竞争"中去的角色。因此,女性也会更多地考虑"自我取悦"。"她从来不参与直接的竞争(除非是与其他女人争夺男人)。假如她漂亮,也就是假如这个女人有女人味,她将会被选择。假如男人是真的男人,他就会像选择其他物品/符号(他的车、他的女人、他的香水)一样选择他的女人。"钱玛莉在《穿 Kenzo 的女人》中的一段内心独白恰好说明了这一点:"在朋友、同事面前,我是属于那类'too good to be married'的女人;我的威势、我引人入胜的地方,就是我的美丽、高挑身材和单身,但假如我的美丽一旦消失,我的高挑和单身就会马上失去了意义,而我亦会沦为别人的笑柄。所以,很简单,我不能老!"钱玛莉怕老,怕失去美丽,这正好印证了鲍德里亚的结论:"在自我满足的旗号下,女性在一套完善的'服务'中被间接地贬低。她的决定并不是自主的。"

香港人在经济腾飞的年代,曾误被"消费社会"的幻象所迷惑,以为香港的股票会永远往上涨,香港的楼价会永远往上升,以为社会只要争得 GDP 的最大化,人也可以同时达到幸福的最大化。他们没有注意到鲍德里亚已经预言:"今后将会有一个世界性的疲劳问题,……无法控制的传染性疲劳,和我们谈过的无法控制的暴力一样,都是丰盛社会的特权,是已经超越了饥饿和传染性匮乏的,后者仍是那些前工业社会的主要问题。"压力在成倍成倍地增加,机会在大量大量地减少。一夜之间,金融风暴来了,泡沫破灭了,香港人全都傻眼了……钱玛莉没有继续写下去。假如她一直写到1987年的香港股灾,我想这本书肯定就更好看了。

其实,钱玛莉只是虚构的女主人公;现实中的"钱玛莉"是个男人,外表俊朗、气质儒雅、和蔼可亲,大名唤作邓小宇,是《号外》杂志的创始元老之一。笔者有幸于一次书展的造势活动上见过他一面,并向他提了一个问题:"您觉得香港人从完全不爱读书到开始喜欢读书的转折点是什么?"邓先生说了很多,可惜没有说到我心中的"标准答案"。在我看来,正是一次次金融危机使香港人开始反思在"消费社会"中,人不可以只追求物质"消费",偶尔还应该读读书,找寻内心的富足。

《穿 kenzo 的女人》
　　钱玛莉著,江苏文艺出版社,2011 年 4 月版。

书架上永远缺一本文学史

香港话你知

　　1949年以后,中国文学呈现出"三江分流"的局面:大陆、台湾和香港。很长时间以来,大陆和台湾相互隔绝、没有往来;而香港这个弹丸之地的殖民社会,由于天时地利人和,竟使她成为两岸文学的交融点。当然,也正是由于香港的自由开放气质,给了两岸文学创作者和文学研究者一个可以抛开彼此成见的平台。

　　2009年是新中国成立60周年。60年的时光,有很多经验值得好好总结,包括文学。于是,美国哈佛大学的王德威教授、上海复旦大学的陈思和教授和香港岭南大学的许子东教授三人在香港发起了"当代文学六十周年国际学术研讨会"。与会嘉宾之大名个个如雷贯耳:王蒙、钱理群、陈芳明、陈子善、王安忆、朱天心、严歌苓、董桥、骆以军、陶杰……会后，十九篇论文和四篇会议纪要的结集，就成了《一九四九以后》一书。

书中各位大学者八仙过海各显神通，每一篇论文都极有分量，如钱理群的《一九四九年以后的沈从文》、陈芳明的《台湾与东亚文学中的鲁迅》、梁秉钧的《一九五七年，香港》等。但我印象最深的，还是许子东教授的《四部当代文学史》一文，因为它提出了我比较感兴趣的"文学史"问题。

当代文学史著作不胜枚举，林林总总起码有上百部。许教授重点研究了其中四部：洪子诚著《中国当代文学史》，陈思和主编《中国当代文学史教程 1949—1999》，陶东风、和磊著《中国新时期文学 30 年(1978—2008)》及顾彬著《二十世纪中国文学史》。之所以选择这四部，是因为前两部"一般被认为是诸多同类著作中的佼佼者，而后两部则刚刚出版，颇能体现这一学科的近况"。但是，读过这四部书的人很快会发现一个吊诡的现象，那就是作（编）者或自觉或不自觉地都把注意力集中在 20 世纪 90 年代中叶以前的作家和文本上，而忽略其后。在讲完王朔、周国平之后，往往就来一个"众声喧哗"、"一地鸡毛"、"网络文学"草草收尾，不再单一论述。其实早在夏志清的《中国现代小说史》（香港中文大学出版社，2001）中便有这样的倾向，即重视文学现象和思潮多于重视文学作品和作家，"越晚出版的文学史，这种……倾向越明显"。

但是在五四时代情况大相径庭，一个新作家横空出世十几年就可能被研究得十分透彻，例如鲁迅；70 年代末"文革"刚刚结束，文学界甫一解冻，"十七年文学"的概念就被提了出来；又过了没几年，"伤痕文学"来了，"寻根文学"来了，"先锋文学"也来了……虽然这样的文学研究难免有"概念先行"的弊端，有时候显得轻佻，但总体来说文学创作者是得到了充分尊重的。可是进入90年代中叶以后呢？文坛涌现出不少新秀，如韩寒、郭敬明、张悦然、安妮宝贝、那多、南派三叔……但你要问我这些作家属于什么流派，他们的创作有什么特点，我却回答不出来。有人笼统地称他们为"网络作家"。然而不容否认，网络只是载体，它并不构成风格。一个鲜明的例子是，即便承认韩寒和郭敬明都出自"新概念作文大赛"和同属于"80后作家群"这样的前提下，我们仍可以看出二者风格迥异，无法将他们划归到同一流派。

出现这一现象的原因可能是由于90年代以后"文学研究集团"转向学院化，"追赶后殖民、女性主义等'后现代'话语"，许多研究者沉湎于西方文学或80年代文学中不能自拔，殊少将目光投向当下流行文学的缘故。

也还有一种可能，是90年代对80年代"精英化"论述的一种抗议，即不再认为某一位作家和某一部作品可以引领一时代之文学，认为文学应该是由一个"文学集团"或"全民"推动的。乍一看这一观点相当进步，它取消了对个体的崇拜；但是其弊端是往往沦为蔑视作家和文本的犬儒主义和民粹主义。

《一九四九以后》一书里邝可怡的文章《一九八五年〈上海文学〉的文学评论》中引用过《上海文学》第5、6期卷首刊载的"启事"：

> 本刊的理论版将继续探索新时期文学创作与文学理论中一系列已知与未知的问题，力争在文学观念与创作方面不断有所突破。理论要面向创作实践，面向文学的未来，既有回顾，又有预测。

从短短 83 个字的"启事"中,我们就能看出 80 年代文论家积极主动研究文学的精神。但前不久,我从一位朋友处听说上海某 80 年代著名文论家现已放弃文学研究,从而已转向文化研究,并宣称"文学已死"。他的理由是,在这个"消费社会"里,再也出不了伟大的文学家和伟大的文学作品了。我不愿相信这位"文化研究者"的话是真的。我宁愿将当下文坛"萎靡"的状态解释为,它正在酝酿下一个"天才"的诞生。

总而言之,我认为"文学已死"既是文论家的失职,也是文学史作者的失职。我们要拒绝"被文学",回归主动的文学研究传统。

我们可以把《一九四九以后》看做"文学史"之一种,它在不经意间呼唤人们更多地关注眼下最具"群众基础"的文学作品、文学人物和文学现象。女人们常说,自己的衣柜里永远缺一件衣服——因为时尚总在更新。其实,作为文学爱好者,我的书架上永远缺一部文学史——因为文学永远在演进。中国当代不缺优秀的作者,而缺优秀的文论家。

《一九四九以后:当代文学六十年》
　　王德威、陈思和等编著,上海文艺出版社,2011 年 3 月版。

中国人的"日本人化"

很少有人像汤祯兆这样研究日本的。《感官世界》、《俗物图鉴》、《AV现场》、《整形日本》、《命名日本》、《情热四国》……他有耐心一本接一本出书,似在手术台前解剖尸体的医生,把身体的每个部位都拎出来仔细观察、分析、研究、记录。这一次,汤祯兆的笔终于写到了解剖对象身上的"毒素"。他的新书,叫做《日本中毒》。

"日本中毒"的意思,不如说是"中毒的日本"。这些"毒",严格说来其实并非日本独有,凡是所谓的"发达国家"、"大都市"几乎都要经历。可问题是,在"哈日"之风如此盛行,中国都市年轻人不断膜拜日本流行文化的如今,"中毒的日本"是不能不为远见之士所必须提防的,我们总不该与"日"俱下。然而,从历史上看,中国人一路走来,似乎正在逐步"日本人化"。

随便举个例子。各位读者(尤其是男性)都扪心自问一下:有谁是没有看过日本的 AV 的?我们受了多少 AV 的影响,可曾想过?且不讲饭岛爱去世时的"举国哀悼",也不提苍井空来沪时的万人空巷,单说我们看待一些性爱视频流传网络时的心态,就与看 AV 时的心理模式颇为类似。比如 2010 年年初的"兽兽门"事件,数以万计的网民争相下载观看当事人翟凌的性爱视频,虽然众口一词谴责有伤风化,可是有几个人不同时是在享受意淫的呢?在这一点上,我们也许还比不上日本人的开放。在日本,随便走进一间便利店,就可以看到货架上公然出售的成人杂志;地铁里,无论是打扮普通的大叔,还是衣冠楚楚的上班族,手握一本成人杂志阅读根本不会引来大惊小怪的。观看即是观看,在性观念上日本人早已摆脱了"既要做婊子又要立牌坊"的心理阶段。

如果你觉得我这么说是在为色情业呐喊,甚至是在赞美日本人,那就错了。我真正感兴趣的,是在"视色情为浮云"、"性开放"等外衣笼罩下的社会背景。

另一个例子是援助交际。根据汤祯兆的研究,"援交"在日本已经存在至少有几十年了,在中国台湾、中国香港也有不短的历史。倘若不是因为前几年有"援交"少女惨遭杀害并被肢解的新闻爆出,这件事早已为人默认并行之正常。一般我们说起"援交",总是咬牙切齿痛骂少女"不自爱",牺牲肉体去换取金钱。可是,我们有没有考虑过"援交"之所以盛行,其背后的社会原因何在?没错,假如只有一两个少女去做"援交",我们可以认为那是个别人"不自爱";但当"援交"成为一股风潮,网上、手机上比比皆是类似信息时,我们便不能再单纯地把问题归结于个体的"不自爱"。根据日本社会学者青木雄二在其著作中的说法,"当日本经济不景气,普通连锁店食肆的时薪可以低至 600 日元,而一次援助交际的回报往往有两三万日元,只要试过一次,想要再认真做兼职可谓难上加难"。所以,当知道以上背景时,或许我们更应该责问的是为什么社会工资会这么低,为什么这些花季少女不能找到一份收入正常的工作,而不止于用"下贱"、"卑鄙"一类词汇咒骂"援交"少女。我不清楚时下在中国"援交"少女的数量有多少,可是物价飞涨、迷信名牌、"拜物教"盛行等等"类日本现象"是有目共睹的。条件好的、学历高的女孩子可以选择嫁入富贵人家,但剩下的那些人怎么办,会不会也走上日本"援交"少女的老路? 收入的两极分化实在令人担忧。

收入两极分化几乎是每一个"大都会"都要遭遇的问题,不管是东京、香港还是纽约、伦敦。君不见,在如此富裕、文明的香港,穷人可以穷至家里连电饭煲都买不起的地步。收入两极分化使富人愈富、穷人愈穷,同时也会在社会上形成一批"被边缘化的人"。2007 年 1 月,日本关东青年赤木智弘发表《想猛揍"丸山真男"——31 岁飞特族。希望:战争。》一文,述说自己每晚都要通宵达旦工作,月薪只有 10 万日元,无车无房,不得不与父母同住的"无望人生"。最可怕的是,他竟提出"希望战争论"。在他看来,那些认为战争悲惨的人,都是身有恒产的既得利益者;对他这种什么也没有的人来说,战争意味着社会资源的再分配,等于重新洗牌。他不可能再失去什么,战争等于使他多了一次机会,何乐而不为呢? 这种"戾气",正是在社会不公平的背景下萌芽的,一旦突破临界点就有可能形成思潮。别忘了"二战"的大背景,正是 1929 至 1933 年的资本主义经济大萧条。经济的因素可以影响一切,殷鉴不远,为后世之师。

"大都市"由于人口密度大、流动性强、环境复杂等原因,是很容易形成各种社会问题的,没必要紧张,解决了这个,还会来那个。我们只要正视这些问题,然后将其摆平即可。不过,谁也不希望问题太多。于是,能够避免的问题,我们还是要尽量避免。汤祯兆的《日本中毒》,旨在"揭穿日本,预警中国"。我们中国人很厉害,改革开放以后一直强调"摸着石头过河",创造了史无前例的奇迹;更有经济学家提出"后发优势",说明后行者比先行者更得天独厚,可以绕过前行者走过的不少冤枉路。我觉得《日本中毒》这本书,正是"后发优势"的一个体现,正在"日本人化"的中国人,应该清醒看到日本人身上的这些"毒素",我们不要重蹈覆辙。用李敖的话说:臭鸡蛋闻一闻就可以扔掉了,难道非要亲口去尝,才知道是臭鸡蛋吗?我们中国人聪明得很,我们不要去尝。

《日本中毒》

汤祯兆著,中国人民大学出版社,2010年10月版。

纽约,一座书的城市

纽约不愧是一座伟大的城市。——这是我读完香港作家潘国灵的《第三个纽约》之后,发出的一句由衷感慨。这是一本游记,也不是一本游记。作者在纽约居住了一年时间,阅读了大量材料,走访了很多名胜,才写成这样一本著作。

书名《第三个纽约》,系出自典故。《纽约客》大作家 E. B. 怀特在《这就是纽约》中说:"大体来说,有三个纽约。一个属于土生土长的男男女女,他们眼中,纽约从来如此,它的规模,它的喧嚣都是天生的,避也避不开。一个属于通勤者,他们像成群涌入的蝗虫,白天吞噬它,晚上又吐出来。一个属于生在他乡,到此来寻求什么的人。在这三个动荡的城市中,最伟大者是最后一个——纽约成为终极的目的地,成为一个目标。正是这第三个城市,造就了纽约的敏感,它的诗意,它对艺术的执著,连同它无可比拟的种种辉煌。"潘国灵之于纽约,正是第三种人;纽约之于他,也是第三个纽约。

纽约不像某些城市,动不动就号称有一千、两千年的历史,她于公元 1624 年建城,迄今不到四百年,但已是世界上最大的城市。按照我们中国人惯常的逻辑,什么东西,凡是大了就难管。但我读《第三个纽约》,给我的印象却是:纽约市政府"治大城若烹小鲜",把她管理得极具人性化和个性化。为什么能够做到这一点呢?窃以为个中关键,在"自由"二字。纽约的自由,也不像某些城市的自由:允许随地吐痰、随便插队、随手抽烟……不,这些一概没有。纽约的自由,表现在她是一个可以让你穿着旱冰鞋畅行无阻的城市,是一个允许你把耶稣涂鸦成同性恋者的城市,还是一个你在街头随处可见流浪艺人的城市……

当读到《日常生活中的自由》一文时,我不禁想起美国卡耐基美隆大学的理查德·傅罗里达教授的大作《创意新贵》。在书中,傅教授提出,一个具有创意的城市必须涵盖三个"T",即 Technology(科技)、Talent(人才)和 Tolerance(宽容)。其中,他特别强调的是第三者:宽容。他研究发现,一个对同性恋愈宽容的城市,其创造力、生命力和活力就愈强。那么,什么是"宽容"呢?宽容,当然不是指对大多数人的宽容,而是指对边缘、小众、另类的宽容。如在闹市街区,允许卖艺者、小摊贩、大排档的存在,不觉得他们是"脏、乱、差"。要做到这一点,市民的观念至关重要。

纽约的自由,最令我感动之处,在于她是一座"书之城"。纽约书店最有趣的一点,是有的书店允许店员根据自己的喜好来整理书架,不需要遵从正式的图书分类方法,是谓"店员推荐"。可想而知,书店店员必是懂书之人,这样的"潜规则"才有可能存在。而书店老板之大度,也不免使我动容,这应是一种深入骨髓的自由精神。因我曾在书店工作,完全不可想象能以我自己的偏好来摆放书籍——不仅老板不会允许,顾客亦不能接受。

旅美作家张北海把纽约形容为"书国",此言不假。一座伟大的城市,必有伟大的书店,如巴黎有莎士比亚书店。20世纪上半叶,莎士比亚书店为乔伊斯出版禁书《尤利西斯》,并帮助其"走私"到美国,后来该书被公认为经典。在纽约,有哥谭书坊与莎士比亚书店遥相呼应。哥谭书坊曾经像一块磁石,吸引着文化名人:奥登、田纳西·威廉斯、让·考可多等,他们都是书店的座上宾。可惜的是,当潘国灵 2007 年抵纽约之时,哥谭书坊业已关张。看来"阅读危机"无论在哪里都有。只不过,美国人好像颇有防微杜渐的观念。2007 年,美国国家艺术基金会发表名为《读还是不读:一个关乎国家后果的问题》的报告,长达数百页。潘国灵说,这份报告"值得我们一看"。我读罢这句话,笑了很久——试想,假如每个中国人都能将一份长达数百页的报告读下来,阅读还有危机吗?

《第三个纽约》

    潘国灵著,中国人民大学出版社,2011 年 1 月版。

书香两岸

跟老猫学真功夫

一

我永远记得入大学的第一天的"新生教育大会"。会上,各路教授济济一堂,为的是给我们这些学中文的"末路"学生打气。他们信誓旦旦地告诉我们:学中文是有前途的,中文是"万金油",所有用人单位都需要我们。可是现在回看这番话,恰恰反映了中文人的"弱势群体"心态。假使中文人真是前程似锦,出门便有工作,又何必如此强调呢?

后来毕业了,我确实找了两份和中文对口的职业:先在书店,后在出版社。但我入这两行,先后遭遇不少问题,有的稍经前辈指点即可迎刃而解,有的则甚为困惑。时或找到一本蹩脚的书参考经验,不看还好,越看越迷糊,因为那些书里充满了对业内"潜规则"的细致描摹,却提不出一点建设性的办法,只能加重我的心事。每当此刻,我便仰天长啸,希望像张良得到《六韬》一样,从天而降一本奇书为我指点迷津。长啸毕,我上下求索,功夫不负有心人,竟真的被我找出一本"奇书"来!我说的,就是这本《老猫学出版》。

二

我说这书能指点迷津,并非言过其实。看看这书的作者是谁你便知道了:陈颖青,江湖人称"老猫",男,1963年生,台东人,辅仁大学历史系毕业,25岁入出版行业,一干二十几年,跨越部门之多,诸如编辑、业务、营销……门门精通,连上海书店董事长林载爵先生和北京万圣总经理刘苏里先生都对其敬佩有加。这样一位前辈,愿意事无巨细地写一本关于出版的书,教新手入门,对少不更事者如我而言,岂不是指点迷津吗?

有人觉得出版是个门槛极低的行业,只要不是文盲,会认字,无需什么专业知识就可以走马上任。此言差矣。如果您也是这么想的,那么我就请您给我解释几个名词罢:什么叫"前置页"?什么叫"印张"?什么叫"清晰度"?什么叫"易读性"?……其实这些都不是简单的概念。比如"印张"这两个字,我弄了半天才弄懂。所谓"印张",就是把一张全纸(大纸)按照一定的尺寸平均切成数份。而全张纸的大小也是有区分的,这些都是行内人才知道。所以我们经常会见到同是16开的书,真实大小却不一样,就是这个道理。在印刷的时候,为了减少浪费,编辑前期排版总要凑个整印张数的全纸出来。如果"你规划了一本书,总页数是10个印张多两页,大概连装订厂的工人都会笑死了（但是你的老板则会气死）"。您看，一个最简单的步骤都暗藏玄机，谈何容易。

《老猫学出版》是一本极其实用的书，实际操作中会遇到的小问题，书中都有详解。比如新手编辑因为经验不足，难免考虑问题不很周到，"改了文章名没有改目录，改了目录没有改书眉，改了书眉没有改版权页；内页改了忘了交代封面美编，封面改了忘了回头修正CIP（图书在版编目），CIP处理了，但是导读老师那里没说；审读老师对术语有更好的建议，但是你改了正文却没有索引（或者相反），或者前一章改过了，后一章却失手让它溜过……"看着这些琐碎的问题，头都大了，立马手忙脚乱、不知所措起来。面对这些千头万绪的问题，究竟怎么做才能周全呢？在《新手编辑（几乎）一定会犯的错》一篇中，老猫先生给我们支了一个妙招：列一张检查表。"例如'书名统一'这一条，你可能需要列下这些检查点：□封面□半书名页□书名页□版权页□CIP□目录页□导读或序文中□书眉□书末广告页"。每完成一项，就在方框里打一个"√"，如此一来不就能保证万无一失了吗？

另外，老猫先生还传授了一些"独门秘籍"给读者，这些文字汇集成第四章《老师不会教的实战技巧》。这些"秘籍"相当好用，而且的确是老师们不会教的（当然，老师当中有的是为了自留一手，有的则是觉得事情太小不屑一教）。就拿设计"腰封"为例罢。腰封这种东西，最早是日本人发明的，为的是给书做广告，把最能吸引眼球的信息印在腰封上，力争在两秒钟内使读者有翻看此书的欲望，十秒钟内使读者有购买此书的渴求。《这书要卖一百万》的作者，日本著名畅销书推手井狩春男，把"如何制作吊人胃口的腰封"列为书的营销要件之一，可见腰封的重要程度。然而，诚如老猫先生所说，一本书不是有了腰封就一定能大卖，很多畅销书都是不做腰封的，有的书做了腰封反而使书本身破相，帮倒忙。故此，成功的腰封有其成功的秘诀，失败的腰封也有其失败的原因。什么样的腰封才算成功呢？简单总结如下：第一，腰封上必须印着"耸人听闻"的标题；第二，腰封的纸质要硬，不要让人当成废纸扔了；第三，腰封设计不可过于花哨，双色足够，否则"封面也花，腰封也花，放在平台上就看不见了"。那么，什么样的腰封算是失败的呢？除了与以上三点相悖外，还有：第一，腰封遮住了封面上的重要内容；第二，腰封书脊部位留白，没有充分合理利用；第三，腰封遮住了条形码。这样的腰封，做了还不如不做。

再谈谈图书营销。一本书为什么会好卖？个中是大有学问的。从一本书的书名开始，直到后期宣传，环环相扣，每一环都影响着书的销量。有人不禁要说："什么，书名影响销量？别开玩笑了！"哦，不，这绝对不是开玩笑。就我所知道的来说，前几个月火爆得不行的《中国不高兴》一书，原本拟定的正题其实是它的副标题："大时代大目标及我们的内忧外患"。这样一个书名，我想十有八九的读者见了立刻就要犯困，哪里还会想买回家一读呢？所以，有人说是《中国不高兴》这个书名改得好，推动书的大卖。一本书，如果书名取得烂，那么注定会是"蝴蝶效应"，无论后期宣传如何努力，最终都是一团糟。所以，一个成功的图书营销，是要从作者、主题、内容、价格、市场……诸多方面综合考虑的。

三

如今图书难卖，靠书吃饭的人自然苦不堪言。这当然要"归功于"现代出版物数量之惊人。您知道吗？现在每天有超过4000种

（请注意，不是"本"而是"种"）书籍面世，"好书会自动贩卖"的时代早已过去。我和老猫先生一样歆羡二三十年前的出版界老前辈：那时候出版社只要出一本好书，读者们便会众星拱月，闹得书店门庭若市，书店挣到盆满钵满；而现在呢，以我在书店工作的经验，一本书若得到顾客多看一眼的垂青（且不说买），无论是作者还是出版社都应该觉得三生有幸了。生存是有其法则的，法则是残酷的。在残酷的生存法则下，所谓"行走江湖"，没有一点过人的"真功夫"肯定不行。谁有"真功夫"？老猫先生有，您看——

比经验，您不够他在出版界时间长；

比关系，您不够他在出版界人脉广；

比业务，您不够他在出版界能力强；

……

他若没有真功夫，那么，谁还有呢？

文章的最后，让我们回到文章开头我永远记得的那一天。我常想，如果当天教授们不是信誓旦旦地向我做些无用的（骗人的）许诺，而是务实地送我一本《老猫学出版》，请老猫先生给我做做功课——排版、设计、版税、编译、稿费、宣传……如果事先做好了这些准备，再入出版界的那个我，想必不可同日而语了。——事不宜迟，赶紧挑灯夜读，跟老猫学真功夫！

《老猫学出版》

　　陈颖青著，浙江大学出版社，2009年7月版。

在孤独中品味汉字书法之美

一

"现代社会病"的症状之一就是把人变得越来越无法忍受孤独。你若不信,就请好好回想一下到家之后的第一个动作是什么?我猜十有八九的朋友不是开电视就是开电脑或是播放音乐,总之是不能让房间里保持安静。有人说这是因为现代社会越来越浮躁所致。我认为没这么简单。君不见有很多性情温润并不浮躁的人也有着同样的习惯乎?所以,问题在于这种症状已成为一种"传染病"流行开来,这才是重点。

不知道各位有没有这样的经验:在和一群朋友寻欢作乐的时

候,突然之间觉得自己孤独了,像被抛掷于群体之外,大家谈论的所有话题仿佛都与自己无关。这种状态俗称"放空",就是说你突然之间被放置到另一个时空当中去了。你会不会觉得很奇怪?有这么多人陪着你,为什么你还是觉得很孤独?你越是害怕孤独感,害怕一个人,就越想找人陪,越想把周遭变得热闹,但这其实是个恶性循环,因为《孤独六讲》的作者蒋勋先生告诉我们:"当你被孤独感驱使着去寻找远离孤独的方法时,会处于一种非常可怕的状态;因为无法和自己相处的人,也很难和别人相处,无法和别人相处会让你感觉到巨大的虚无感,会让你告诉自己'我是孤独的,我是孤独的,我必须去打破这种孤独'。你忘记了,想要快速打破孤独的动作,正是造成巨大孤独感的原因。"

可是,孤独真有那么可怕吗?当我们还是小孩子情窦初开的时候,暗恋一个人,对方可能根本不知道你的存在,你却不断地在日记里记录自己每天的心路历程,有时候还写从来不会寄出的情书。我想,每一个经历过暗恋的人都不会忘记那些如梦一般"闭门造车"的日子。彼时彼刻,虽然内心有无限五彩斑斓的憧憬,可是难道我们不是孤独的吗?我们又何尝恐惧过这种孤独?我们非但不害怕这种孤独,而且乐亦在其中矣。

有了以上两种鲜明的对比,我们就很能明白一个道理:真正使我们恐惧的不是孤独,孤独是美好的,让人陶醉的,真正使我们害怕的其实是寂寞,害怕内心无一物的空虚感。人们之所以那么害怕孤独,往往是因为混淆了孤独与寂寞的概念。二者之间的区别何在?蒋勋先生说:"孤独和寂寞不一样。寂寞会发慌,孤独则是饱满的。"打个比方说,孤独是一瓶美酒,而寂寞只是一个空酒瓶。

在《思维孤独》一章里,蒋勋先生转述一位朋友提出的一个有趣问题:"你发现没有,所有热带地方都没有哲学。"那位朋友认为"在温度比较高的地方,人会比较注重感官经验。"不知道算不算曲解,我对这个问题的解释是:越是寒冷的地方,人们越习惯于足不出户,所以也就越习惯于孤独,从而保持冷静,思考很多关于哲学的问题。世界上很多伟大的头脑都出自寒冷的地方,因为他们享受孤独,孑然一身,形单影只,独立思考,拥有强大的内心世界,所以才能够参透很多人生的大道理。孤独的优势在于你可以作为一个独立的人存在于世上,不必仰仗他者生活。所以,易卜生笔下《人民公敌》中的斯多克芒大夫才能说出那句世纪名言:"世界上最有力量的人是最孤独的人。"

二

蒋勋先生是美学大师,属于"身体美学"派。这种美学流派,主张用身体力行去感知美,主张"活得很美学"而不是从书本到书本地获取美学知识。故此,我们看到蒋勋先生在出版《孤独六讲》的同时也出版了《汉字书法之美》一书。后者在我看来,就是身体美学的最好示范。"孤独"的精神是很可以在书法艺术中得以体现的。

从汉朝董仲舒开始,中国就"罢黜百家,独尊儒术",儒家思想成了主宰中国人精神的正统思想,可是儒家精神向来不讲孤独。儒家讲"君君臣臣父父子子",所有的关系都是相对应的,没有一个人可以作为独立的个体生活。一个人如果对这种相对应的社会关系做出反叛,就是异端。然而,如果我们细究中国书法史就会发现,那些在书法史上空前绝后的书法家,往往却都在思想上颇为叛逆。

魏晋时期由于政治的原因,出现了大量不遵守儒家道德规范的人,从建安七子到竹林七贤莫不如是。也正是在这个时代,孕育出中国历史上最了不起的书法家——王羲之。在王羲之以前,汉字书法大多是以公正规矩为美的作品,汉代最为人推崇的《礼器》、《乙瑛》、《曹全》、《史晨》诸帖也都是结构严谨的碑刻。王羲之的出现,打破了这种格局,在书法中加入了随意性,确立了行书的地位。王羲之能取得这样的成就,一方面得益于他的天才,一方面得益于时代思潮的感染,一方面还得益于老师卫夫人事必躬亲的教诲。

卫夫人用《笔阵图》作为"教材",不是照本宣科,而是带王羲之到大自然中身临其境去感受。比如讲到"点"的写法,卫夫人说如"高山坠石"。"她要这个学习书法的小孩去感受一下,感觉悬崖上有块石头坠落下来,那个'点',正是一块从高处坠落的石头的力量。"这种训练,自然要求学生有能够忍受孤独的心境,在孤独的心境中发挥想象力,创造出五彩斑斓的内心世界。把身体美学运用到书法创作上,卫夫人或许是开先河者。石头的坠落不止一种形态,千变万化,是随着书法家的想象运动的。于是,我们便可知为什么王羲之写"之"字时的那一点时总是那么出神入化,没有一次相同。这也是为什么他信手写成的《兰亭序》能够浑然天成,被誉为"天下第一行书"的原因罢。

被誉为"天下第二行书"是颜真卿的《祭侄文稿》。

被誉为"天下第三行书"是苏东坡的《寒食帖》。

我意外地发现,从王羲之到颜真卿再到苏东坡,三位书法家竟都不是纯粹的儒教信徒。三人在熟识儒家经典的同时,无不深通道家、佛家。在中国书法史上,那些规规矩矩做儒生的,往往只能在汉字演变过程中起到过渡性的作用,但真正能集大成者则常是另类。你看,怀素是个和尚,黄庭坚的书法充满禅意,徐渭是个"疯子",郑板桥则以"怪"著称……道家和佛家精神在书法上的标新立异并非偶然,因为他们都主张"独与天地精神往来",不断挖掘内心,达到孤独的境界,成为一个特立独行的人。

我们若想走进书法家的世界,第一步要做的就是学会孤独,与他们"精神往来"。书法的美,要在孤独中细细品味;在细细品味书法之美的过程中,我们学会了孤独。

三

"天地有大美而不言"。是的,大自然中蕴含了世界上所有的美。可惜大自然不会说话,不能把她的美直接告诉我们,而要我们主动地去感知她的美。感知是一种能力,并非所有人与生俱来都具备,需要经过训练。我们或通过自己的努力去认识天地之大美,或通过蒋勋先生这样的美学家把美转述给我们,读他的书《孤独六讲》、《汉字书法之美》及其他。

《孤独六讲》

  蒋勋著,广西师范大学出版社,2009 年 10 月版。

《汉字书法之美》

  蒋勋著,广西师范大学出版社,2009 年 11 月版。

我想爱你,已觉得羞怯

  我都忘记是什么人说了这样一句名言:诗人应该在三十岁之前死去。也许在他看来,诗歌必须是激情的、年轻的、激昂的、亢奋的;假如诗歌人情练达、老气横秋,无法刺激少年的神经,便不成其为诗歌。

  过去我也颇服膺这套理论。读海子的诗,向往和他一样,有终结于二十五岁的生命的念头。可是我年岁日长,不知不觉间也已经二十五岁了,不仅不再想这么快死,反而越来越喜欢读长辈写的诗,对充满荷尔蒙的诗歌产生一种天然的排斥。当然,诗读的不多,只是偶尔翻翻。某日看见蒋勋出版了新诗集《多情应笑我》,便买回家放在床头,闲暇时消遣。

蒋勋为读者所知,一般是通过《孤独六讲》和《生活十讲》二书,大家皆晓得他是来自台湾的美学大师。但您知道吗?他除了研究美学,还画画,还写诗。在《多情应笑我》之前,他已出版过《少年中国》和《母亲》两部诗集。第一部到第三部,从书名便看得出蒋勋心智之成熟,资历之丰厚,阅世之老到。用他自己的话说,整理出版这部《多情应笑我》,"时日流散,流散不去的爱恨眷恋,都成诗句,历历皆在眼前。于他人而言只是诗作,于自己而言却都是创痛,不堪回首,不可回首。"

爱,依旧是诗的主题。青年的爱,或许充满了爆发力;但是蒋勋笔下的爱,却总是流露出丝丝的无力。比如他在《咏花之死》中这样写道:"我以为赞叹可以留住你/我以为惋惜可以留住你/我以为爱的缱绻可以留住你/我以为诀别的心痛可以留住你/但是,你一心一意只要凋零。"人在青年时期,总以为事在人为,只要通过自己的努力,一切都可改变,觉得自己有能力撼动世界。只有当岁月写上额头的时候,才知道其实很多事情并不在于你付出了多少努力,就该获得多少的成功。历史是伟大的,自然是伟大的,神是伟大的,渺小的只有个体。成功不必在我,真爱是不应计较回报的。

甚至,在伟大面前,我们时刻都怀抱羞怯,才是正常。如同蒋勋在另一首《今晚的云和月》中所说:"我想爱你/已觉得羞怯/如果我们懂得珍重和疼惜/便是爱,也只是说不完的感谢和抱歉吧。"当我们坠入爱河时,爱的对象其实不是对方,而是伟大的爱情。我们不是跟恋人恋爱,而是跟自己恋爱。恋爱是一种练习,练习如何爱人,如何被爱。只有当我们掌握了爱,才有能力给予对方爱。恋爱中的人,就像坐在跷跷板的两端,而爱情,就像跷跷板,假如没有它,你是决计无法将对方翘上去的。所以我说爱情伟大。当如此伟大而永恒的爱情站在你面前的时候,难道你不应该低下头吗?

低头并不意味着认输。有道是:菩萨低眉。这代表的,是你的谦卑。只有用谦卑的态度回应不可抗的命运,敢于正视世间一切的强大,才是真正勇敢的。任你三丈火气,我只微微一笑,传说昂山素季的魅力便来于此。

我相信,懂了这道理的人,必能找到真爱,随便"多情应笑我",我们都要像《毁灭之爱》中所说的那样去寻找真爱:"我们以疯狂为爱/用泪庆祝/这沮丧的时代/我拥抱你/像水回环城市/像海洋/回环岛屿/在毁灭之中/你是最后/可以依靠的身体"。

《多情应笑我》

蒋勋著,尔雅出版社,2010年8月版。

睡觉也是一种流浪

遗憾的是,我至今无缘一晤舒国治先生。

最近的一次,是他在上海季风书园的活动。我本打算要去,但因要主持《读库》主编张立宪先生在杭州的读者见面会,而无法脱身。后来几次三番尝试邀请舒国治来杭州,从出版社朋友处得到的答复永远是:"除非他自己想来杭州旅游,否则他是不会专程跑来做宣传的。"真令人无可奈何。但这就是舒国治,是他迷人的所在。

现如今有多少人喜欢标榜自己爱好旅行啊。可读了舒国治的《流浪集》,大家或许都应该感到惭愧。因为和他相比,我们其实都不懂什么才是真正意义上之旅行。充其量,只是去过某地而已。是他,第一次让我明白:"最好玩的不是城市,是路途。"

这个高高瘦瘦的男人,年轻的时候,曾以短篇小说轰动台湾文坛。在所有人的眼中,都认定他是一颗冉冉升起的明日之星。可离奇的是,不久他便失踪,杳无音讯数载时间。直到他以散文回归,人们才知道,哦,原来这些年,他独自去流浪了。对,不是揣着各种银行卡,提着大小旅行箱的旅行,而是流浪。"(20世纪)80年代初去到美国,在无休无尽公路上踯躅,此来彼往,越奔越远,竟一晃晃了七年。"他如是写道。

我之好奇,舒国治何来勇气,能够抛下一切,去过一箪食一瓢饮的颜回生活?

在一篇名叫《瘾》的文章里,他借戒烟一事说开去,道出了一些蛛丝马迹。他说,有太多事情会让他觉得自己像个"都市人"。好比冷气、百货公司、咖啡馆、手机等等。可仔细想一想,这些东西有哪一件是与生俱来的呢?我们无非是习惯了它们的存在罢了。既然是习惯,为何不能改?只要"忘了有那种生活",自然便可摆脱。所以,他说"主要在于甘心放弃。放弃那一种生活",要想到"你放弃了先前的所爱,便比较可以拥有新来的爱"。

这话说着容易,道理人人皆懂,可又有几人做得到的?人总是太贪心,既想要得到新的,又想要保留旧的。是故,世间实在有太多人不懂如何旅行。

真正的旅行,其实是不带目的的,恰似在火车上酣睡,感觉进站了,撑起眼皮朝窗外看了看,心内惊呼:"天哪!世间竟有如此美景!"然后便不管三七二十一,跳将下车,把行李也给遗忘了,在这个不知名的地方流连三五日,继续上路。这,才是真正的旅行呀!它不需要你有多少钱,只需要你有充足的时间。就像舒国治所说:"纯粹的流浪。即使有能花的钱,也不花。"在流浪中,你才真正知道什么叫"多余的钱只能干多余的事"。

人,总会对自己过于熟悉的城市产生厌倦的,想逃离;往往因太多牵挂,譬如房屋、车子、父母、爱人之类,缺乏摒弃的勇气。可有没有人想过:"与自己熟悉的人相处过久,或许也是一种不道德吧。"长相厮守,固然美丽似童话般,但不仅是把对方,也把自己囿于一种关系里。是不是每个人都应该有些空间,来考虑自己呢?

于是,我便很能理解,为什么舒国治能把简单的"睡觉",也写得那么深刻又生动了。书中共有三篇写睡觉的文字,其中《睡》为我最爱。因他在文中说,常有一睡者醒来,问:"我睡了多久?"答:"五天五夜。"这种恍如隔世的感觉,实在让人感动。五天五夜,足够发生任何事情了。入睡前和醒来后的世界,可以判若阴阳。

流浪的目的亦复如此。你把自己放逐,或说你在逃避,但天晓得,逃避何尝不是一种解决问题的好方法?两人对面而坐,眼眼相觑,僵持不下,又如何能把问题真正解决?偶尔,倒不如学学舒国治的"离弃哲学",做一回风流潇洒君,岂不快哉。("风流"二字,原意"如风般流过",不眷恋,最后如何沦为"西门庆"之代名词,待考也。)短期的流浪,如同昏睡三五日,让所有人都有时间开始自己的新生活,对己对人,也算是一种负责任。关键的关键是,你有解决问题的决心。

如此说,原来睡觉也是一种流浪。

《流浪集》

舒国治著,上海人民出版社,2010年8月版。

温暖如阳光

——读南方朔《有光的所在》

  如果一个作家长期坚持写某一种体裁的作品，我们大抵会对这位作家产生一种思维定式，即把他归类为"××作家"。一旦我们读到他与素日风格迥异的作品，便很有眼前一亮的惊讶。比如台湾著名作家、评论家南方朔。

  南方朔给我的刻板印象是一位沉着、客观、冷静的写手。零星阅过他在台湾和内地一些报刊上的专栏文字，也读过他翻译的《论扯淡》。他的文风，是那种简洁、干脆、利落而又时常带有古朴的格调。这样一来，我便自然而然给他戴了顶"理性的人"的帽子，先入为主地认为他必有一张冷峻的脸。其实不然。最近读了他在内地出版的新书《有光的所在》之后,发现这个"直来直往"的南方朔,写起散文来原也是一流好手。

20 岁写诗歌,30 岁写小说,40 岁写散文。散文须有些年纪的人写来才好看,因着散文中最重要的是要有一股"老气"。董桥、木心、舒国治的散文之所以妙,就妙在一股"食古不化"的"遗老"气质。我最欣赏的散文,也大多是那种怀念旧时光的作品。年轻人如果不甘心做"老古董",往往是不能领教其中的奥秘的。

南方朔在《宁为 LKK》(LKK 即闽南语"老古董"拼音首字母)一文中说:"对于文字、字纸以及书籍仍然心存敬意,在目前这个时代早已成了落伍的 LKK,但尽管如此,我仍然缅怀那个对书保有敬意的时代。有时候看着一堆堆轻薄短小的当红书籍,这种缅怀就更深了。"我所指"老气",就是这种"食古不化"、"冥顽不灵"的心态——落伍、固执、倔强,大有"抱残守缺"、"死不悔改"之意。

但唯因有了这份心境,才透出一丝温暖。诗云:"老眼平生空四海",从年长者眼中看出去的世界别有一番滋味在心头。南方朔爱"琐碎",故书中有一卷名为《歌颂琐碎》,讲酒馆、天气、星星、牵牛花、蛋挞……毫无关联,他却不厌其烦娓娓道来。他论林语堂对"琐碎"的热爱,说林语堂"是那种会在生活的琐碎中寻找意义的人,不愿让政治取代生活"。南方朔热爱生活,也热爱"琐碎"。他笔下的萤火虫"让人觉得温暖。它仿佛暗夜的漆黑里,小小的山精水灵打着一盏迎迓的风灯,不管路是多么的黑,也能让人宽慰"。(《星夜看萤去》)儿时关于萤火虫的记忆,每个体验过的人回想起来,应该都会觉得心里暖烘烘的罢?

一个人的见闻,该与他的年龄成正比才好;而一个人遇见的人和事越多,他的同情心也该与日俱增。因为目睹了不幸,恐怕有一天不幸会降临到自己或自己爱的人身上,故要用笔记录下来,告诫他人以史为鉴。在《远离恐怖》一文中,南方朔写道:"我曾见过一个被白色恐怖折磨过的老人。他不管见到谁,说着说着就会大声进出'中华民国万岁'、'蒋总统万岁'之类的口号。他当然不可能相信他呼喊的这些口号,但被过度惊吓的他,潜意识里却宁愿相信全世界每个眼睛和每个耳朵都在监控着他……恐怖的真正可怕之处,乃是它会将人改变,并臣服于他们不相信的事物。"恐怖如此黑暗,南方朔的文字就是黑暗中的一点光。

南方朔以博学见长。他在中国文化界算得"奇迹"。殊少在媒体露面的他,竟然能够享有一线文化人的知名度。但是他似乎从不卖弄自己的学问,他也并不觉得"知识"有多少可以炫耀的成分。在他看来,做一个"好人"要比做"知识人"重要太多。所以,他引用中世纪"灵修文学"中的句子说:"先安己心,才能安人心。和平者比博学者更有用处。"这让我们自以为是"读书人"的人,真是惭愧;但是看过之后,也多了一份担当和勇气。南方朔的散文,就像阳光一样给人带来安全感。

《有光的所在》

南方朔著,法律出版社,2010年3月版。

自由主义之外的殷海光

前言

李敖曾说他自己就像是一颗钻石,有很多面,每一面都折射出不同的光芒。

其实何止于李敖,凡是学富五车的大学者,哪个不是在很多方面都有所造诣的呢?比如殷海光吧,我们现在对他还有某种程度的封锁,那是因为只看到了他"反共"的一面。当然,也有不少人捧他,说他是民主斗士,这则是只看到了他"自由主义"的一面。

事实上,殷海光除了这两方面的人格以外,功夫还多得很哩!这是我最近认真读了上海三联书店出版的《思想与方法——殷海光选集》之后的一点体会。以下试举几例。

一 研究逻辑的殷海光

殷海光到台湾以后的正业,是台湾大学哲学系教授,其次才是《自由中国》主笔,他研究的领域主要是逻辑。他的早慧是众所周知的,1937年正中书局出版他翻译的《逻辑基础》(Chapsman和Henle合著)时,他才十八岁。

在殷海光的眼中,逻辑是他一生的志业。他很看不起辩证法,认为黑格尔搞的那套东西是玄学,"从玄学的体系出发,再得到玄学的语句,这不过是一种拟似的演绎练习而已"。而逻辑呢?"逻辑是科学,是不折不扣的科学。"凡是科学就要能够满足三个最基本的条件:第一,要成系统的;第二,可以印证的;第三,互为主观的。什么是"互为主观"?

> 一个实验,某甲来做,得出某结果。这也许是主观的。但是,某乙来做,也得出同样的结果;某丙来做,也得出同样的结果……这么一来,此一实验所导向的结论就是互为主观的。

在他看来,逻辑符合以上三个条件的,可以算作科学。

殷海光研究逻辑,自然希望逻辑这门学科能够保持纯粹,普及这门学科的人也能尽量使大众能够了解到逻辑最真实的一面。然而当时市面上号称的逻辑书以及逻辑学者,"不是把逻辑讲成形而上、知识论,就是把逻辑与文法或伦理搅混在一块","有些关于逻辑的讲义,你说它是在讲逻辑,它又是在谈玄;你说它是在谈玄,它底下的口气又仿佛是在谈心理学;你说它是在谈心理学,它底下的口气又仿佛是在谈伦理学"。殷海光实在看不过去,于是写了《逻辑究竟是什么》一文。

在文中他指出,逻辑虽属科学,但科学其实是可以一分为二的,一种叫做"演绎科学",一种叫做"经验科学"。逻辑属于前者。两种科学在目标上是一致的,即寻求"真理"但研究的方法不同。演绎科学的研究方法,是基于大量规律、定理之上的,我们可以关起门来、闭上眼睛进行演绎科学的推论,建立起一套庞大的科学体系,数学就是这样的一门学科。而经验科学则不同,它是建立在经验事实的基础上的,事实既然如此,我们就不能凭空去建立或推翻经验科学,需要睁大眼睛去寻求。好了,演绎科学和经验科学既然都是寻求"真理"的手段,那么其间的差别究竟何在?我们究竟怎样依据二者进行对"真理"真假的判断呢?为了解决这一问题,他给读者列了一个言简意赅的表,在这个表中,演绎科学的真假称为"对错",经验科学的真假称为"真假"——

第一:前提真,推论对,结果既真且对。
第二:前提真,推论错,结论之真假不知,但一定错。
第三:前提假,推论对,结论之真假不知,但一定对。
第四:前提假,推论错,结论之真假不知,但一定错。

看懂了这个表,基本上就能搞懂逻辑之为何物。换言之,逻辑作为一门演绎科学,是只能判断"对错",不能判断"真假"的。"对错"只管"形式"不管"内容",即便一个推论完全合乎逻辑,它依旧有可能是"假"的。为了说明问题,殷海光又举了两个实例:

(一)一切杨梅是酸的水果

没有香瓜是杨梅

所以没有香瓜是酸的水果

(二)一切杨梅都是酸的

没有橘子是杨梅

所以没有橘子是酸的

请看第一个例子,从"对错"角度来说是对的,从"真假"角度来说也是真的。但是第二个例子,从"对错"角度来说是对的,但是从"真假"角度来说却是假的。这就足以证明他所持的立论。

逻辑工作有逻辑工作自己的领域,不能奢望用一个逻辑学就能解决全世界的问题,这是办不到的。研究逻辑的殷海光,没有妄自尊大,没有想把逻辑捧到"放之四海而皆准"的野心,他一再声称,要把逻辑和历史、哲学区分开来,否则还要历史、哲学干什么呢?"我们从事逻辑的工作,必须远离形而上,甚至于知识论的搅局,至于学术以外的搅混,更应该一蹴而弃之。"在"要科学还是要学科"这个问题上,殷海光毫不犹豫地选择了前者。

二 从事教育的殷海光

殷海光既然身为台湾大学的教授,对教育问题自然很关心,他的学生不多,其中却不乏高徒,像林毓生、张灏、陈鼓应……他对教育的态度是怎样的? 在谈这个问题之前,我们不妨先来看看殷海光是以什么样的人为楷模的,因为从一个人的楷模身上,我们多少可以看出这个人努力之方向。

聘请殷海光到台湾大学教书的是大名鼎鼎的傅斯年（字孟真）校长，面对殷海光这样一个"反动学者"，也只有做派强硬的傅先生敢请他来教书，替他承受各界的非议。不幸的是，1950年12月20日，傅先生在台北猝亡。消息传到殷海光耳朵里，他简直不敢相信。不久，他写了《我忆孟真先生——自由巨星之陨落》一文以示悼念。在文章中，殷海光对傅先生保护学术自由的努力做了十二万分的肯定，称赞他是一个"有是非之心的人"，一个"有至大至刚之气的读书人"。他还说道：

> 在这知识界大崩溃之中，毕竟有少数书生，穿破蓝布长衫，戴近视眼镜。他们不稀罕权势，没有兴趣做官；一个月藉劳动脑力和跑腿，拿三百元的待遇，挣扎在生活边沿上。他们在图书馆里生活，在故纸堆中探求，孜孜不懈，年复一年。忍受贫困，甘耐寂寞。假若说国家还有命脉值得维护的话，这便是国家的命脉。孟真先生是这类书生的代表人物。

殷海光对傅先生给予这样的肯定，自然愿意追随他的脚步，维系一点残存的火种。可是，在傅斯年先生仙逝以后，殷海光毕竟失去了"后台"，他"像立在旷野而失去护翼的羊，预感到狼群之来袭"。这只性格刚烈的"羊"，面对凶恶的"狼群"，竭力发出自己微弱的叫声！在台大，身为一名教授，殷海光自觉有责任保护学术、保护学生、保护学校。

1958年，殷海光写《我们的教育》一文，在文中，他直截了当地指出当下台湾教育存在的问题，一是"党化教育"，一是"狭隘的民族精神教育"。这两种影响固然可以把学生塑造成"国家需要的人才",但归根到底都是会限制学生的自由发展的。于是他开出了自己的药方:第一,停止党化教育;第二,学术自由;第三,简化课程;第四,提高品质。

这些道理亦非殷海光首创,在西方世界早已不知流行和执行了多少年。德国思想家卡尔·雅斯贝尔斯在他著名的《什么是教育》一书中曾经指出,大学是一个"国中之国",享有最起码在学术上的自由和自治。这些都是大学区别于其他学校的根本特征。没有自由的大学便失去了生命,是没有灵魂的干尸。因为没有自由,大学的精神生活、创造和研究将归于终结。大学的本质在于对学生的选择是以每个人对自己负责的行动为前提的;大学容不得强制,因为对本质性东西的义务乃是源于自由的义务。大学当然是一种学校,但是一种特殊的学校,学生在大学里不仅要学习知识,而且要从教师的教诲中学习研究事物的态度,培养影响其一生的科学思维方式。大学生要具有自我负责的观念,并带着批判精神从事学习,因而能拥有学习的自由。而大学教师则是以传播科学真理为己任之人,因此他们必须享有教学的自由。其实,我们光用脑袋想也能知道,大学教授和大学生,理所当然应该是整个社会中智商最高的一群人。倘若连这群人都不能控制自己,不能很好地运用自己理性的自由,那么这样的社会还有救吗?

殷海光的贡献,不是为台大争取到了什么,而是他所代表的一种精神。这种精神是身为教育者的一种责任,是为了保持一片纯净的精神家园的一种努力,是不与官商勾结的一种决绝,是敢于说出"不"字的一种勇气……也是现如今我们的教育界最缺乏的东西。

最终,殷海光毕竟还是被赶出了台大,他所倡导的教育风气,在当时并没有能够得以很好实施。但是峰回路转，谁知几十年后，台湾教育界果真按照殷海光给出的四条建议发展了起来，台湾大学成为亚洲实力第二的高等学府！

三　撰写书评的殷海光

千万不要以为殷海光是个每天"横眉冷对千夫指"的角色，他也有闲情逸致的一面，这可以从他写梁实秋先生的《雅舍小品》的书评中看出来。

读一个人写的书评，最能看出这个人的性情，因为关注点不同，所谓"一千个读者心中有一千个哈姆雷特"即是此理。好比读《三国演义》吧，大多数人喜欢诸葛亮，但偏有喜欢周瑜和司马懿的。喜欢周瑜的大概不仅觉得自己聪明，并且有"既生瑜何生亮"的感慨；而喜欢司马懿的大概不仅觉得自己聪明，并且希望自己的子孙能比自己更优秀。

殷海光读《雅舍小品》首先就关注到梁先生有"收藏信件的癖好"，并且还特别留意信上的称呼，"信里的称呼最足以见人情世态"，刚毕业的学生，写信给老师往往以"夫子大人函丈"开头，等受了老师提携，再写信时就改称"××先生"了，待以后职位高于老师时，就干脆和老师称兄道弟起来。时人往往觉得这是道德的堕落，但殷海光不这么看，他认为当今世界是一个讲"工具价值"的世界，只要学生的"工具价值"高于老师，那么师不成师，弟子不成弟子，也就成为自然了。

另外，殷海光还注意到梁先生在《洋罪》一篇中有这样一段话："四月一日为万愚节，西人相绐以为乐，其是否为鄙俗，我们管不着。其是否把终身大事也划在相绐的范围以内，我们亦不得知，我只觉得这种风俗习惯,在我们这国度里,似嫌不合国情。我觉得我们几乎是天天在过万愚节。舞文弄墨之辈,专做欺人之谈,且按下不表,单说市井习见之事,即可见我们平日颇不缺乏相绐之乐。"殷海光读完这段,发出"诚哉斯言"的赞同之声。他补充说道:"谎言成为空气,时时呼吸,不可须臾离。天下相率撒谎。久谎成真,视为固常。若有人突说真话,自然反被目为假话,语言本系一个社群藉以交通意念并活动的工具。语言的这种效用是其正面的效用。但是,在假言流行的社会,语言被滥用到这种地步,其正面的效用尽头。到了这种时际,这样的社会实在已经走到了它自己的尽头。只有再出一个仓颉,才能帮着把它从耗竭的边沿救活过来。"

再如说到《脸谱》一篇,梁先生的意思,人们往往同时具备好几张脸在生活,"对下司道貌岸然,或是面部无表情像一张白纸似的,使你无从观色,莫测高深,或是面皮绷得像一张皮鼓,脸拉得驴般长,使你在他面前觉得矮好几尺!但是他一旦见到上司,驴脸得立刻缩短,再往瘪里一缩,马上变成柿饼脸,堆下笑容,直线条全变成曲线条"。梁先生说得幽默,殷海光评得辛辣:"此等人物,是否具有真才实学,不得而知;但为人方面,多半总有些许毛病,常有不可告人之隐。彼等若以真面目出现,若与'下属'相忘于无形,何以御众?何以维持'尊严'?英国人说:'诚实是最好的政策。'流行于此等人物之间的'心照不宣'之'哲学',乃'保持距离乃最佳之政策'。保持距离之道何由?曰:脸谱是也!"你看,这样的话不是平日喜欢幽默开玩笑的人,哪里说得出来?

从以上我们可以看出,殷海光作为一个思想家,虽然每每用刻薄的话发出对社会的针砭时弊之言,其心却总是可爱的,充满希望的。如若你还是不信的话,那就看看他在这篇文章最后的一段

话吧:

> 朋友!你可知道,我们目前正在动物和人的边沿上挣扎。我们只看到机械和动物在肆虐。人成了机械的奴隶,人成了动物的俘虏,人也快要成为一张一张纸底下的牺牲品了。在这黄昏里苦挨的你,听到这轻微的心灵呼唤,难道不唤起你对于人之生活的回忆?难道不唤起你对于未来的人之生活之憧憬?当着昏夜有一支烛光摇曳时,你会因不致跌到深渊里而喜悦。当着你在忧役劳形中,即使只听到一点人的清新声音,你便会记起:哦!生命对于我并不是一种苦刑。你将会循着这清新的呼唤,发现一条生命之流,潺潺向远方流去。也许,这条溪流在目前是细小的,但是,只要你对于生命不绝望,它终有一天会把你带向大海!
>
> 听吧!我告诉你,这里有一阵轻微的心音!

四 执著翻译的殷海光

翻译对于一个国家、民族的重要性自然不消说了。1897 年 12 月,严复翻译的《天演论》所造成的影响可谓是旷古绝伦,康有为、梁启超、鲁迅、胡适……不知有多少大学者受过这本译著的启蒙。

前文说过,殷海光十八岁时就出版了自己的第一部译著《逻辑基础》。他所译之书似有四种:《共产国际概观》(Massimo Salvadori 著)、《西方之未来》(J. G. De Beus 著)、《到奴役之路》(Friedrich August Hayek 著)和《怎样研究苏俄》(John S. Resheyar Jr. 著)。他一生除了写作以外,另一项最重要的工作就是译介外国的作品。每一个优秀的翻译家都有自己的一套翻译原则,那么,殷海光的翻译有何特色呢?在《西方之未来》译者引言中,他这样写道:

> 翻译的指导原则,昔贤有"信、达、雅"之说;时人则有"意译"与"直译"之分。信、达、雅的原则,要求似乎太高。译文艺书固然要雅,译数理书如何雅法?从中西语文的特色来看,能雅者未必能信。重直译者似在求信;重意译者似在求达。但是,严格的直译几近于未译;未通原文的意译则易成"天马行空"。这两种原则是没有引用价值的。
>
> 因此,译者撇开这些原则,别寻翻译原则。从认知的观点说,语文是组织经验与知识的工具。不同的语言是不同的组织经验与知识的工具。组织经验与知识的语文工具固然各有不同,但是人类的经验与知识则是公共的。公共的经验与知识是不同的语言互译之真实的基础。语文表示经验与知识时一定有意义结构。这意义结构是所谓命辞。同一个命辞可用许多不同的语句表示出来;许多不同的语句可以表示用一个命辞。翻译就从这里得到种种可能。所以,如能抓紧命辞,怎么样放手翻译都可以。至于被译语文在文法方面的特色,根本可以不理。
>
> 要做到这一步,必须具备三个条件:一,对于译用语文流行的用法能够掌握。二,对于被译语文有充分了解。三,具有被译内容相当的学识,或至少相差不太远的学识。这三个条件能否满足,乃翻译家与翻译匠之分野。

读完殷海光这段话,我们就很容易明了,为什么今天读到许多翻译过来的书,行文之不通,逻辑之混乱不清,都叫人"叹为观止"!其原因就出在翻译者根本不具备"三个条件",这些人考"专业翻译资格证"是内行,真翻译起书来却是外行。

几十年下来,我们国家公民的外语水准毋庸置疑是提高了不少,可是我们的翻译人才却依旧是少得可怜。一个学生,从初中到大学,多少也学了十几年的英语,可是却连一本英文原版书都啃不下来。为什么?因为我们都被无休无止的、五花八门的考试骗了。我们学习英语,不是为了掌握它,而是为了应付考试,用这样的态度如果能把英语学得精通,那可真是活见鬼了!

我们经常掐着指头算,我们跟美国的差距有多少年,跟德国的差距有多少年,跟日本的差距有多少年……很想超越他们。但是说句实在话,如若我们连他们最优秀的书都没有读透,大谈"超越"云云,恐怕只能是痴人说梦了。以前有那么多好的翻译家,有那么多好的译著,乃是因为他们都是抱着一颗救国的心和虔诚的向西方学习的态度工作的。我很怀疑在现在这样一个"目的不纯"的外语学习环境下,我们能否在精神文明上赶超西方。

另一方面,强调翻译之重要的好处还不仅在于向西方学习,更重要的是能够把中国的文化介绍到西方去。据我所知,日本之所以能够产生两位诺贝尔文学奖得主,很大原因在于日本政府曾经花过很大的精力把国内优秀的文学作品译成外文推广到西方。所以,我常常反问那些抱怨诺贝尔奖评委会不公正的人:中国人有什么资格拿诺贝尔奖?你总是在家里耍着别人看不懂的功夫,正所谓"光说不练假把式,光练不说傻把式",怎么让别人承认你是"武林高手"呢?李云迪、郎朗的横空出世,让人们慨叹"傅聪第二"的诞生；但是，何日中国才能出现"傅雷第二"？我们只有拭目以待了。

殷海光的译著现在有没有在内地得到出版的？好似还没有。

结语

说了这么多，笔者最终想要得出的结论却只有七个字——重新发现殷海光！

《思想与方法》

殷海光著，上海三联书店出版社，2004年5月版。

台版？别闹了

——以台版《我执》为例

2010年春节在香港见梁文道先生，他送我一本台版《我执》。

与梁先生聊天的过程中，他饶有兴致地谈起了台版书的问题。他说，台湾出版业现在竞争非常激烈，各家出版社都无所不用其极地吸引读者的眼球，所以你看这几年的台版书，封面越做越花哨，腰封越做越大（有的几乎占了半个封面），为了使书卖得贵，于是图片越来越多，排版越来越疏，纸张越来越厚。

然后，他又说到台湾书店业：现在台湾书店业也基本上被一两家巨型连锁书店垄断，他们控制了市场。是故，出版社出什么书、封面怎么设计、一本书要印多少册等等问题全都由书店说了算。

可想而知,这样下来出版社出的书当然会呈现"千书一面"的现象,因为决定书籍装帧的人的审美口味是单一化的。

腰封越做越大,上面挂满了联袂推荐人名单,从而催生了一群非常吊诡的"专业人士"。这些人过去大多是书评作家,在圈内颇有名气,已经成为很多读者的"购书指南"。于是他们越来越懒得写长篇大论的书评,而专职从事起"书籍推荐人"来,不用动笔,挂个名字就可以数钞票,何乐而不为呢?

因此,梁先生说大陆的书业相对比较健康,一个重要的标志是大陆各大报刊的书评版面很多,并且书评人队伍正越来越壮大,读者也耐得住性子仔细阅读书评,不会光凭某某人的推荐就购买书籍。

无独有偶,回家展卷阅读台版《我执》,首先映入眼帘的即是腰封:朱天文、傅月庵、舒国治、杨照、詹宏志、骆以军、谢旺霖等"真挚推荐"。接着是三页的推荐文,以上提及的名人每人一段,每段约一两百字。紧跟着,是散文家舒国治、评论家杨照和诗人邓小桦的长篇推荐序。推荐序嘛,不用说,又都是溢美之词,不提也罢。

梁先生在自序《回到台湾的我》中感叹"曾经,几乎每一个香港写作人都渴望在台湾出书",但是"如今,说起台湾出版,我们首先想到的是夸张的翻译书名。例如我刚刚读完的《暖化?别闹了!》,它的原名是 Cool It,意思是要大家冷却发热的头脑,不要一窝蜂地以为碳减排便是对付全球暖化的唯一方法,可台译本的书名却容易让人以为作者根本要否定气候暖化的事实。相比之下,大陆版将它译作《冷却》,虽然不够噱头,但是老实得多"。"台湾的书籍带来了一场华文出版业的小革命,那就是为每一本书加上腰封,上面有十个以上的名人'强烈推荐'、'热情支持',洋洋洒洒蔚为大观。书愈是卖得不好,就愈是不能静悄悄地躲藏起来。终于,'试读本'也来了,我不知道这会不会是下一个华文市场的潮流。"

这就是现今台湾出版业的实情吗?大陆出版业内人士每每谈及台湾出版业,个个都竖大拇指,有的赞美他们言论尺度宽松,有的夸奖他们装帧设计精美,有的羡慕他们作者资源丰富,还有的感叹台湾人实在比大陆人爱读书得多……但是梁先生笔下的台湾出版界为何如此不堪呢?

不过我觉得无论"台湾出版界之怪现状"如何,作为华人社会出版界的领头羊,台湾出版界走过的道路很值得大陆借鉴。台湾之今日,或为大陆之明日。如果台湾今天走对了,我们跟上;台湾走错了,我们绕开。他们的经验总是有价值的。

梁文道先生也有类似的看法。他对台版书虽有诸多批评,然而有一点却不讳美言,那就是台湾出版工作者的敬业精神。——"这个岛屿(台湾)始终有着全华文世界最优秀的作家群体,最富有经验的编辑。"你很难在台版书里找到错别字和排版错误。以《我执》为例。我不敢保证台版的《我执》里没有一处印刷错误,但我能保证的是这书里没有大陆版那样粗糙的技术性错误——把其中一篇的标题"空词"印成"空调"。

大陆出版业正如火如荼地发展,在可以预见的未来,这个行业肯定会以更加迅猛的态势前进。我觉得台版书之于大陆,不能完全照搬,也不能完全置之不理。所以本文的题目效仿《暖化?别闹了!》书名叫《台版?别闹了!》,没有讽刺的意思,也不是完全否定台版书,而是提醒大家要把台版书作为前车之鉴。这样,我们就会做得更好。

《我执》

梁文道著,台湾远流出版社,2009年12月版。

一本另类旅行指南

书评人可以歇歇了

国庆长假将至,如果您还没有想好今年要去哪里玩,那么,不妨买一本《100个即将消失的地方》作为参考。把书中罗列的一百个地方,分类整理,筛选出自己觉得最应该去,最喜欢去,最迫不及待要去的。然后,收拾行囊,买好机票,起身走人。真的,您或许从来不会像看完这本书一样,觉得马尔代夫是个那么远又那么近的小岛——再不抓紧时间,用不了多久,这个由二十多个环礁、一千多个珊瑚岛组成的岛国,就会消失在海平面以下。您必怀着赶着去见一位亲人临终一面的心情,奔赴马尔代夫。

时至今日,还有不少人坚持地球环境的恶化与人类的活动无关。在他们看来,当下发生的所有都是地球"自我调节"的一部分。

是故，我不想去举什么数据来说明环境问题。因为我不是什么环保问题专家，只是引述一些从书中看来的观点，一旦我这么做，反对者必将拿出更多五花八门的数据来反驳。我只想告诉各位读者，假如我们再不行动起来去挽救地球环境，那些传说中美丽的旅游胜地，在不远的将来都会面目全非。或许您正和您的爱人，计划着十年之后，带着自己的孩子到阿尔卑斯山滑雪，享受惬意的阳光和雪白的山顶积雪。可是，时不我与，假如夏季气温再上升3°C，阿尔卑斯山脉的冰川就会融化80%，滑雪场将不复存在。

或许，您想带着自己退休的父母亲做一次欧洲之旅，那么，巴黎——这个"欧洲的中心"——当然是最佳选择。自古以来，拜北大西洋暖流所赐，巴黎在纬度上虽然与北京近似，但冬暖夏凉，极其适合人居，很少出现极端天气。可是现如今，您若计划去巴黎旅行，就要考虑最好避开炎热的酷暑。2003年，欧洲遭热浪侵袭，法国受灾尤其严重，历年夏季平均气温只有26°C的巴黎，那一年夏天的气温竟超过了40°C！2003年8月，从未如此炎热的法国，有近一万五千人在热浪中丧命。巴黎已不再是那个温润的巴黎，就像我居住的杭州，每年40°C的高温，已让我开始怀疑，这座城市"人间天堂"的合理性。

又或许，您是个喜欢到非洲大陆探险的背包客，喜欢在沙漠里寻找人类祖先创造的文明，感受在极端环境下的生命奇迹。那么，你必来到马里共和国的廷巴克图。这个在沙漠中建立起来的城市，位于穿越撒哈拉沙漠的东西、南北贸易路径交汇点上，曾经是经济文化重镇。城内的三座清真寺：津加里贝尔、桑科尔和西迪雅希尔，建于十四至十六世纪，被联合国教科文组织列为世界遗产。每一座城市的存在都有其独特的生态，沙漠亦然。廷巴克图的土质建筑,居民的生活方式,使它非常容易受到气候变迁影响。不要以为沙漠里缺水,其实过多的水会成为其致命的伤害。专家预测,随着全球暖化,廷巴克图的气温进一步上升,暴雨发生的频率将增高,如此一来,三座清真寺必将严重受损,廷巴克图的辉煌史迹可能消失。

再或者,您是个动物爱好者,旅行的目的是观察全世界各种听说过没见过的可爱动物。那么,您也要抓紧时间了。比如海龟的天堂加勒比海,这几年因为气候变化,已不再使海龟如意。海龟把卵埋在沙里孵化。然而,海龟没有性染色体,因此,沙滩的温度左右孵出的幼龟的性别,温度愈高,孵卵时间愈短,孵出雌龟的可能性愈高。换言之,温度的升高可能导致雄龟数量锐减,用不了多久,海龟会变成"单性别"物种,再过不久,就会绝迹。

拿着《100个即将消失的地方》作"旅行指南",当然是无奈之举,心情很复杂。这就好比,从阎王、判官处得来一本名录,知道了自己的哪些亲朋好友将不久即离人世,于是挨个约出来见面道别。近期,我准备到北京去一趟。不是为了一圆"不到长城非好汉"的美梦,而是因为北京,居然也出现在这"100个即将消失的地方"名单之上。理由是:沙尘暴。

《100个即将消失的地方》

　　Co+Life 著,李芳龄译,广西师范大学出版社,2010 年 10 月版。

粉丝的炼丹炉与五指山

"早上伴随着 Happy Wake Up 的闹钟铃声起床,先打开小葱(李宇春)代言的夏新手机,看看每天都更换的小葱的待机图,然后用小葱代言的佳洁士牙膏刷牙,到了单位先冲桌子上的小葱说声'早上好',然后用上面印着小葱的杯子喝水,工作用的计算机则是小葱做代言人的神舟,晚上睡觉前,对着小葱的海报说一声'晚安',进入梦乡继续与小葱会面。"

要不是在张嫱的新书《粉丝力量大》中,读到这段引自李宇春某粉丝"一天之记录"的话,我真不敢相信世界上有人竟是这样生活的——而且,很可能日日皆是如此!写这段文字的人,就是典型的最低层次的"粉丝"——只知崇拜和消费的那种。

今时今日,没有任何人能够逃脱"粉丝"二字的影响。即便你不是任何人的粉丝,身边也势必会充斥着各种与"粉丝"或"崇拜"相关的人和物。譬如近年被疯狂追捧、恨不得将其奉入神龛的iPhone 手机:轻度粉丝欣赏它卓越的性能,重度粉丝简直把乔布斯视为"教主"——一声令下,二话不说,三教九流,四海之内皆兄弟。

过去,我只在一些学究气浓重的书中看过关于"粉丝文化"的解读,但大都过于沉闷,我猜很少有人能耐着性子读完。而《粉丝力量大》,读起来则生动有趣多了。书中除了大量运用生活实例外,还摘引了不少学者的观点,比如,张嫱时不时提及的美国当代著名文化学者约翰·费斯克。费斯克是最旗帜鲜明支持"粉丝文化"的学者之一。在他那里,粉丝不再意味着被动和盲从,他不认为一个粉丝只能从"偶像"那里汲取需求,更重要的是粉丝可以用自己的方式(比如消费、改造等等)来影响"偶像"。

费斯克最著名的观点是:"绝大多数牛仔裤的使用者无法自己生产牛仔裤,只能购买批量化、标准化生产的牛仔裤,但是他们却可以在这些牛仔裤上戳几个洞或撕几个口子……大众从文化工业提供的产品中创造了自己的,也是真正的大众文化。"所以,按照他的说法,粉丝通过消费,实现的不是"偶像"的价值,而是自己的价值。我们甚至可以将这种在"牛仔裤上戳几个洞或撕几个口子"的行为,理解为一种"创意"——流水线生产出来的、一成不变的牛仔裤,被粉丝变成世界上独一无二的牛仔裤。张嫱说:"粉丝经济,催生多元创意社会,改变今日媒介环境景观;粉丝当道,引领消费潮流,主导创意社会。"不过,我还是要不客气地说一句:"中国当下的粉丝,实在是很不懂得如何做粉丝。"这话什么意思呢?即是说,我们的粉丝还不太会利用自己的"主动性"去改变社会。我们满以为用手机短信选出了李宇春,就是我们莫大的胜利。实际上,按照法国左翼社会学家的讲法,只有从根基上撼动了社会这台大机器的运作模式,才算是真正改变了社会。换言之,粉丝现在可以投票选出自己的偶像,虽是一种进步,不过却鲜有人质疑这种选举方式本身的合理性。从小的一方面来说,每一个粉丝都用自己的"主动介入"改变社会;但从大的一方面来说,每一个粉丝又迫不得已要服从"游戏规则"。那么,所谓"创意"云云,也就无奈地成为聊以自慰的说法罢了。

"粉丝力量大"。的确,从过去到现在,我们已经目睹粉丝的力量不断壮大,在可预见的未来,粉丝的力量势必仍将不断壮大。粉丝现在身处太上老君的炼丹炉内,也在如来佛祖的五指山下,正期盼着火眼金睛的炼成和唐僧的出现。我们乐见粉丝队伍的壮大,同时也期望有朝一日,它真的成为改变中国社会的一股力量!

《粉丝力量大》

张嫱著,中国人民大学出版社,2010年8月版。

做一个任性的人

> 有一种地方,或是有一种人,你离开它后,过了些时间,开始想着它,并且觉得它的好;然而你在面对它的当下,不曾感觉它有什么出众之处。这是很奇怪的。
>
> ——舒国治

我之所以那么想认识舒哥,是因为梁文道在《理想的下午》序中说:"我见过诗人很不'像'他的诗,更常见小说家不'像'他的小说,却从未见过有散文家不像他的散文的。所以张中行就像张中行,余秋雨就像余秋雨,龙应台就像龙应台;舒国治,他的人就走在他自己的文字里,闲散淡泊,品位独具。"用四个字概括便是:"文如其人。"我真要见识一下,这个声称"人要任性,任性,任性。如今,已太少人任性了。不任性的人,怎么能维持健康的精神状态? 他随时都在妥协、随时在抑制自己,其不快或隐忍究竟能支撑多久?"的散文家,现实中的他,是否一如文字所言那么"任性",可不可以文质彬彬?(《论语·雍也》:"质胜文则野,文胜质则史,文质彬彬,然后君子。")传说他不上班,不开车,不上网,不吹空调,不看电视;喜云游,好交友;人长得高高瘦瘦,成日穿着一双破旧旅游鞋,背着双肩背囊,移步如风,出现在世界各地。

终于,我见到了舒哥。甫碰面,寒暄后的第一句话,他说:"请告诉我厕所在哪里。"丝毫没有不好意思。我舒了一口气,暗自忖道:"果然爽快!"然后,便带着他四处寻找厕所。舒哥一边走,一边用他慢条斯理的口吻不断重复说:"这一带真是热闹,真是热闹。""这一带",是杭州汽车南站。舒哥讲话,也像写文章一样。

舒哥貌似看哪里都觉得好,值得游玩、闲逛,并且,他说自己"生性喜欢热闹",只是不知怎的,造化弄人,最后落得个独来独往。几乎和所有散文家一样,舒哥也"恋旧"。在《理想的下午》中,他写杭州:"某个冬日早上五点,骑车去到潮鸣寺巷一家旧式茶馆(极有可能是硕果仅存的一家,七年前。今已不存),为的未必是茶(虽我也偶略一喝),为的未必是老人(虽也是好景),为的未必是几十张古垢方桌所圈构一大敞厅、上顶竹篾棚的这种建筑趣韵,都不是。为的是什么呢? 比较是茶炉上的烟汽加上人桌上缭绕的香烟连同人嘴里哈出的雾气,是的,便是这些微邈不可得的所谓'人烟'才是我下床推门要去亲临身炙的东西。"(《早上五点》)对,他就是可以为了凑近"人烟",五点就披衣出门的人。

读舒国治的文字,你可千万别以为他是那种仙风道骨、绝然独立、白眼观世、小资情调的人物。他好清贫,但一切皆因自然,并不刻意避讳"富贵"。你要请他去豪华餐厅吃大餐,他也欣欣然前往。而且,你必从他那里得到许多如何品尝高档食品的心法。舒哥的神韵,全如他自己所云,在一个"懒"字——懒得随遇而安,懒得无所目的,亦无所顾忌。

昨日,我将《理想的下午》中的一句话抄下来:"我是多么地羡慕这些无所谓目的的同胞,而我怀疑我自己也有可能是这样的旅行者。乃在我生长于那样散漫的佳美年代。"——只为,我也开始渐渐怀疑自己有可能是那样的旅行者,但,仅仅是怀疑。

《理想的下午:关于旅行也关于晃荡》

舒国治著,广西师范大学出版社,2010年1月版。

野史比正史更"真实"

与张大春的一面之缘

张大春终于作为一个小说家登陆了。之前张大春在大陆为人所知,两次:一次是《聆听父亲》,一次是《认得几个字》。《认得几个字》一书出版之后(2009 年 10 月 31 日),我在厦门筼筜书院和大春老师有过一面之缘。那天他像写《认得几个字》一书一样,以"侠"字为典,一个人侃侃而谈了将近两个小时,没有讲稿。

当时,我还不知道大春老师的《城邦暴力团》在台湾出版已经整整十年,而他在台湾甚至海外,向来都是以小说家著称的。直到 2010 年广西师范大学出版社出版《四喜忧国》,我才第一次认认真真拜读大春老师的小说作品。而2011年1月,上海人民出版社出版了《城邦暴力团》的简体字版。读完后我才豁然晓得,为什么他在厦门的那场演讲可以讲得如此轻松自如,有《城邦暴力团》做背景,一场以"侠"字为主题的演讲,当然是信手拈来了。

最近看小宝的书,他在评论丹·布朗时说:人家外国人写类型文学,贵在认真,扎实地做研究,所以,你可以说《达·芬奇密码》的结局荒诞可笑,但是不容否认作者的资料搜罗详细、推理精心铺排、写作刻苦用心。光这一点,很多中国的类型文学作家就比不上。我实在很同意这个说法,看过一些类型文学,大部分都是作者闭门造车的作品,天马行空,看得很过瘾,但是看完之后却觉得什么也记不住。故此,我得出一个结论:作家,比到最后,比的不是文笔,也不是想象,而是学养。

大春老师的《城邦暴力团》一书腰封上写着:"金庸之后最伟大的武侠小说。"如果"武侠小说"也算是一种类型文学的话,我必须说,这真是类型文学中的"三好学生"。之所以这么说,就是基于上述理由。然而,也正因此,我又觉得假如把《城邦暴力团》仅仅视为一部"武侠小说",未免将它看小了。小说中,作者借用"高阳"先生之口评论《七海惊雷》说:"唯浅妄之人方能以此书为武侠之作。"此语亦可作《城邦暴力团》之评语。真的,你曾见过哪部武侠小说,会用"学术问题"这样的标题作章名的呢?

说不完的故事

在介绍《城邦暴力团》时,为了避免剧透,我不想介绍书的情节。我想说的是,有一个问题,凡是写历史小说,或者读历史小说,都绕不过去,即尊重史实和创作历史之间孰轻孰重?对于这个问题,我很久以来一直觉得,所谓"历史"和真实的关系是十分暧昧的。克罗齐也说了:"任何历史都是当代史。"也就是说,历史都是人读出来的;那么,所谓"真实",不也是读者的理解吗?我常跟出租车司机聊历史,发现一个很吊诡的现象:民间的历史和学者的历史,完全是两回事。最典型的例子:关羽在历史上其实只是一个平凡武将,可是在民间却被奉为武圣人,甚至财神爷。这是怎么回事?一般人不知道,清朝前武圣人是岳飞,因岳飞抗金,金乃清人先祖,于是朝廷便规定武圣人不再是岳飞而是关羽,这个"传统"就这样确定了下来,直至今日。

《城邦暴力团》一书亦然,它把民国和1949年以后的不少历史,和帮派、武林联系在一起,或许在许多史家看来,不堪入目。但是,小说有胜于论文之处便在于此,它能深入人心的本领也是颇令论文作者羡慕嫉妒恨的。

明代的酉阳野史在《三国志后传》一书的《引》中说:"客或有言曰:书固可快一时,但事迹欠实,不无虚诳渺茫之议。予曰:世不见传奇戏剧乎,人间日演而不厌,内百无一真,何人悦而众艳也?但不过取悦一时,结尾有成,终始有就尔,诚所谓乌有先生之乌有者哉。大抵观是书者,宜作小说而览,毋执正史而观,虽不能比翼前书,亦有感追踪前传,以解颐世间一时之通畅,并豁人世之感怀君子云。"这段话说得恰如其分,民间的读者,是不会在乎史实的。"人民喜闻乐见"的作品,只要好读,有正确的价值观,便是。于是,难怪野史比正史更为人津津乐道——正史入论文,野史入小说。

小说的主人公"张大春",因为七本"奇书"而展开了一场探索发现之旅,这七本书本本看着都像野史。分别是:《食德与画品》、《神医妙画方凤梧》、《天地会之医术、医学与医道》、《上海小刀会沿革及洪门旁行秘本之研究》、《民初以来秘密社会总谱》、《七海惊雷》和《奇门遁甲术概要》。"张大春"好像有一种控制不住的窥探野史的欲望,整天读些乱七八糟的书(而且他读书有个怪癖,就是都不读完,读到中间注意力就转移到下一本书上去了)。同时,他也有一种无法自抑的杜撰历史的欲望,"张大春"连论文都敢杜撰。在写大学毕业论文时,他做了一件很坏很有趣的事情:"如果有需要援引古今中外著名经典或研究资料的地方,我就瞎编一个人名、捏造一个书名、杜撰一段看起来像是早在千百年前就已经说出、写出且恰恰可以充分支持我的论理的语言。坦白说,这样的勾当做来十分有趣,几乎像是上了瘾一般,我越来越觉得发明一个论文中的理据要比推演一套严整的论述或者归纳一个抽象性的命题来得更加迷人。在将近四个月的时间里,我创造了一百三十二个不存在的人、两百零五本不存在的书、三百二十六则不存在的论述。如果不是因为缴交期限已至,我还可以继续写下去,直到天荒地老。"

小说的最后一章,大春老师精心设计了一个耐人寻味的结局,他以"我应该如此开始述说"为题,把"张大春"准备创作《城邦暴力团》的数次失败尝试一一罗列出来,一次、两次、三次、四次、五次……这些"失败的尝试",本应是"垃圾",却被作者"变废为宝",成为一个吊人胃口的结局——小说还没开始写,故事是永远也说不完了……

我虽知小说是虚构的,不能当真。但是,由于对书中的七本奇书实在太好奇,所以有一天忍不住在微博上问大春老师:"您在《城邦暴力团》中所写的七本'神秘书':《食德与画品》、《神医妙画方凤梧》、《天地会之医术、医学与医道》、《上海小刀会沿革及洪门旁行秘本之研究》、《民初以来秘密社会总谱》、《七海惊雷》和《奇门遁甲术概要》,真有其书乎?还是您的杜撰?"

大春老师的回答相当狡猾。他说:"这、这……捏着两手汗回禀:一老太金婚之夜被丈夫闲言问起:'这一辈子有没有过别的人哪?'老太迟疑了半天,羞道:'在你之前有人写过一封信给我,我没理他的茬儿。'丈夫听了,一巴掌就招呼上来:'你居然还记得!'老太夺门而出,放声大哭,儿孙来问缘故,老太说:'不能说呀!不能说的就是不能说呀。'"

人有学问不难,有满腹学问,国学功底深厚,西学修养渊博,但却没传统书生的酸气、迂气、腐气、党气,这是多么难能可贵。我常想,中国要是多些像张大春这样会开玩笑、会讲人话的读书人,该有多好?

《城邦暴力团》

　　张大春著,上海人民出版社,2011年1月版。

关于昨日的隐秘情事

书评人可以歇歇了

　　我的"惨绿少年"时代挣扎在一个不知名的小城市。初中时,第一次用电脑上网,看到"披头士"这个名字,黑白照片中的四个年轻人潇洒的样子深深吸引了我。于是,我跑到音像店去问:"有披头士的CD卖吗?"店员一脸茫然地告诉我:"没有。"过了几年,到了高中,我听说了"猫王"的名字,又跑到音像店去问:"有猫王的CD卖吗?"店员依旧一脸茫然地说:"没有。"但这一次,她拿起另一张CD推荐:"你可以听披头士,歌不错。"我顿时露出一脸苦笑,莫之奈何⋯⋯

　　对于一个资讯超前,而资源匮乏的少年来说,对精神食粮的饥渴是痛苦的。

又过了几年,我去了香港,才第一次体会到什么叫"国际大都市"的宽广与丰富。像一个"饥饿的儿子"不加选择地抓起东西就往嘴里塞,完全不考虑是否能够消化。所以,虽然我听过不少碟,但是从来说不出演唱/演奏者是谁,更说不出曲子叫什么名字。

作为一个"乡下人",我发自内心地羡慕嫉妒恨台湾乐评人马世芳这样的"城里人"。他的母亲陶晓清是台湾有名的电台主持人,又是当年台湾"民歌运动"的战将之一。所以,从小马世芳就受过良好的艺术熏陶。

音乐:内容、八卦、情怀

在马世芳的新作《昨日书》里,有不少关于音乐的文章。他是亲眼见过很多印在 CD 封面上的脸孔的人,比如鲍勃·迪伦。他说迪伦一出场:"偶尔他扬起嘴角,似笑非笑,那张著名的脸依稀闪现——60 年代一帧帧黑白照片、一段段漫画影片中被无数年轻人追捧质问景仰唾骂而至如亲如故的脸。那张曾经和切·格瓦拉和毛主席像一起画为符号的脸。"类似的经历我只有一次,那是 2003 年 11 月在香港维多利亚港看滚石乐队的演出。我的位置离舞台好远好远,可是仍然挡不住主唱米克·贾格尔的四射魅力。感觉很神奇,不像是他从电视里走出来,却像是我走进了电视,因我始终不敢相信他会真实地站在自己面前。

因为家庭背景的关系,马世芳有机会从多方打听到音乐界的八卦。要不是马世芳的笔,作为普通人,或许我们很少能知道。他写台湾著名音乐人胡德夫有一次"在驻唱的餐厅和人打架,据说打赢了,但还是挂了彩,于是自己去医院包扎,懒得留院休息,径回租处二楼后阳台,抽烟看风景。浑不知自己失血过多,竟然眼前一黑,凌空摔进楼下堆着装空啤酒瓶的木箱,碎玻璃扎了一身,牙也碰掉了。狼狈回到急诊室,护士惊呼'你怎么又来了!'"我将这段话转到微博上,博友惊呼:"我的天,这也太惨了吧!"在马世芳的笔下,音乐人不再是屏幕上光芒四射的脸谱,更增添了一份普通人的人情味。

作为"民歌运动"的见证人,马世芳对这场载入史册的运动也有自己独到的见解。有不少人还在怀念罗大佑的时代,觉得现在是一个出不了"艺术家"的平庸年代。可是马世芳在接受《青年周末》采访时被问及"有没有可能回到那个时代"时却说:"我想是不可能而且也不必要了。往昔集体思考的时代,连反叛也都是集中式的,大家隐隐然复制了对立面的思维模式,期待救世主降临来成全大家。台湾的罗大佑、大陆的崔健,都是那个集体时代过渡到个体时代的启蒙人物,聚集了一整代人的压抑和向望。而当一代人开了眼界,竟还要回头巴着救世主不放,便实在是没出息了。"的确,进步的时代是"分化"的时代,是不需要英雄的时代,是"人人皆可成圣"的时代。假如今天我们还需要英雄、大师、领袖、带路人为我们指点迷津、大海领航,那么只能说明作为一时代之公民,我们仍未具有自由之思想、独立之精神——这究竟是庆幸,还是悲哀呢?

电台:"你面前这支麦克风是公器"

或许是因为以前看过马世芳的乐评罢,《昨日书》里最吸引我的不是关于音乐的内容,而是关于他在电台做主持人的内容。没错,马世芳子承母业,也是主持电台节目的能手。

不知道现在还有没有人听电台?据说,这几年传统媒体的广告收入,无论报刊还是电视都在下滑,只有电台攀升。原因是这几年汽车的销售量猛增,而在汽车里最好的娱乐方式就是听电台节目。

电台区别于电视,其魅力所在,是它的"孤独之美"。电视是"声光画电"的集合,元素多了,观众反而难以集中精神。电台不同,只有"声",可以让人专注。"广播惯于寂寞,惯于填补那些热闹之后的冷清。惯于绕开人多的地方,在荒地里生一堆火,让不想凑热闹的人也有个地方可去。"一个人要懂得欣赏电台,首先要懂得欣赏孤独。

电台其实和音乐的交集甚广,根据我听电台的经验来看,电台节目中有三分之一的时间(或者更多)都是被音乐占据的。而我们平时听节目,常常会幻想电波那头,主持人是怎样工作的。读《昨日书》,能够满足我们的一些"窥私癖"。

马世芳说,做电台主持人要经过不少训练,其中最基础的是"防冷场"。他说:"'防冷场'是每个 DJ 的本能,内行 DJ 都会利用歌曲前奏、间奏、尾奏插入口白,避免 dead air('死空气',指寂静无声的冷场)趁隙而入。我们学会在播歌同时切换耳机频道,计算下一首歌的前奏与间奏秒数,务求开场口白刚好收在演奏完结、歌声初起处。若歌曲没有前奏,也可以利用前一首歌的尾奏介绍下一首歌,或者挑一段衬底音乐作为过场。"就这一点来说,我发现有些不合格的电台主持人,"防冷场"的基本功很差,大抵是没有接受过专业训练的缘故。

当然,马世芳能成为优秀的电台节目主持人,和母亲的教育不无关系。母亲陶晓清曾对他说:"你面前这支麦克风是公器。你永远不知道是哪些人在听你说话、你的话又会带给他们什么影响,所以,绝对不可以在广播里宣泄未经处理的负面情绪。"杭州有名的电台主持人叫万峰,外号"电波怒汉",专以破口大骂、传递"戾气"著称。我想,万峰如果在成为电台节目主持人以前,先听听陶晓清女士对马世芳的劝诫,是不是能够收敛一些?

我们这个社会,缺少的不是横行霸道,而是好好说话的修养。列侬曾说:"我又想当叛逆青年,又需要别人爱我,于是我变成了艺术家——不过就像他们常说的:赞美永远都不够,小小的批评却总能击中你的要害……"我们现在常常把"愤怒"当成了"叛逆",以为只要怒发冲冠,就一定是激进派。其实不然,批评可以很温柔,叛逆可以很慈悲。

这本《昨日书》,是一个四十岁男人对昨日的缅怀之作。这些"关于昨日的隐秘情事",作者写之,读者观之,心有戚戚焉。二十、三十、四十,人生就是在这样亘古不变的轨道中前行。谁不曾挥霍过少年?而李敖曾说,他现在虽没有少年可以挥霍,但却有老年可以挥霍。看完《昨日书》,我觉得我不怕老了。少年逝去,青年不再,没关系,我们还有中年可以挥霍。

《昨日书》
马世芳著,广西师范大学出版社,2011年2月版。

说话时代，我们无话可说

"在大海里渴死，是非常可怕的。"这是尼采的名言，也是这位不世出的天才对现代社会的警告和预言。媒体泛滥，言论平台多如牛毛。有思想家曾说，人之别于动物，乃因能掌握语言。但是，语言——使我们异于禽兽的东西，在今天业已堕落得不成样子。说话时代，我们无话可说。

语言在堕落

我们已经远离言简意赅的时代好久了。当一件事情只需要用一句话说清楚时，我们偏不这样做，而要用十句来表达。

常看电视节目的观众都有这样的体会吧？节目的时间有固定

的长度，倘若编导的内容做得不够细，就需要主持人来填充这些"死时间"。修养好的主持人尚可，若是胸无点墨的主持人，这种时候嘴里蹦出的话，只能是毫无意义的字句罢了。更有甚者，我亲眼目睹新闻主播在报道日本地震伤亡惨重时，面带笑容。请问贵主播，你知道自己在说什么吗？

台湾评论家南方朔，博闻强识，深入浅出，多年来笔耕不辍，文以载道。南方朔曾说，知识分子的责任是永远做一个"反对派"，他做到了。他的文字，以批判著称。但在批判中，从来不乏关怀的温暖。在目睹"觚不觚！觚哉？觚哉？"的大时代后，南方朔陆续写了五本"语言之书"。最近，大陆的法律出版社，出版了其中的第五本《语言是我们的希望》，让我们一睹这位知识渊博长者的风采。在本书序言《语言是我们的疼痛》一文中，南方朔将矛头直指现代人说话空洞的恶习，同时也道出了他写作此书的初衷。他说："当人们只是为语言而语言，而不是用语言来谈事情，这就是语言的堕落，而语言的堕落也就是人的堕落。"

中文的堕落早就开始了。民国年间，北京大学的"老怪物"大学问家辜鸿铭就说过："现在所谓的'新文化'都是乱来，新造的词也是乱来，比如'改良'，古人说被'逼良为娼'的人要从良，人家本来就是'良'的，改什么劲儿，难道要'改良为娼'吗？"听他这么解释，也觉得不无道理，哭笑不得。中文沦陷的另一个标志是"欧化"。譬如，中文里本无"××性"这样的表述，但现在到处都是，比如"先进性"、"优越性"、"超前性"……简直是"性泛滥"。讲一个让我更加哭笑不得的段子。前不久，一位外国友人跟我说："最近你们的新闻里怎么总是说'放射性物质'？放射什么'性物质'？怎么放射'性物质'？你们中国人真开放！"我听罢顿时泪奔。

我们淹没在语言的海洋里,却要被活活渴死。

拯救语言,精英有责

媒体无孔不入,这是一个语言充斥的时代。

随手翻开一份报纸,或者打开电视机,你都会觉得——怎么有那么多人急于表达?可是这些人在表达什么,却不甚了了。对其厌烦如我者,早已懒得一看。媒体常常遭骂,可也很无辜。媒体只是提供了一个平台,让更多人可以说话。从某个层面讲,容忍良莠不齐的言论,也是保障言论自由必须要做出的牺牲。

可毕竟不能再这样下去了。倘若我们无所作为,那么,这个世界定会如法国思想家西蒙·韦尔所说:"我们的思想自由已愈来愈增加,但却已没有了思想!"拯救的重担落在谁的肩上?自然需要社会的精英出马。"反精英主义者"且少安毋躁,听听马克斯·韦伯的高论:"一个国家之所以落后,往往不是由于其民众落后,而在于其精英落后。"

南方朔在做的工作是什么呢?就是不厌其烦地帮助读者逐一重新建立语言的大厦。他跟我讲"偷"与"盗"的区别,讲"名"与"实"的关系,帮我们拆穿"阴谋论"的骗局,追溯"脏话"、"二奶",甚至是"屁"的历史。这是真正的精英该做的事。

真正的精英,不是写了书、出了名、赚了钱,然后就宣布封笔、游山玩水、到处题字、拜见领导、写些不是人话的随笔。不是这样。相反,南方朔的文章,丝毫没有半点掉书袋的穷酸学究气。他写典故,不是高高在上向你传递知识,而是蛮像一位老友,今天听了个笑话,迫不及待要来跟你分享。为的,只是博你一乐而已。

有的出世的学问家,年轻时也抱负过一番,在他们的功夫没能获得期许的回报后,黯然神伤,继而告诉年轻一辈:"别妄想了,世界就是这样,不会随你的意志改变,还是'从恶如流'好些。"年长者如此已令人失望,而年轻者也接受这一条款,就更是让人绝望了。时代果真如此,便真应了加拿大思想家诺里斯所说的——现在的人,自己没有去努力地寻找意义,遂以为世界无意义,这乃是一种堕落。

说到底,"犬儒主义"是一种犯罪。此一罪行,当然是社会的产物。南方朔在书中有云:"有怎样的社会,就会有怎样的犯罪。犯罪的'名',本质上乃是社会的反映。"我不想唱高调,但真相即是如此——精英不说话,社会成哑巴,我们都是时代的罪人。

《语言是我们的希望》

南方朔著,法律出版社,2011年3月版。

历史是个什么玩意儿

不容青史尽成灰

近年来,随着蒋介石日记手稿在美国斯坦福大学胡佛学院的逐步公开,大量沉没深海的历史真相渐渐浮出水面。这些资料同时也造就了不少优秀的书籍,比如 2008 年杨天石先生的《找寻真实的蒋介石》等等。吴兴镛先生的这本《黄金秘档:1949 年大陆黄金运台始末》,除了得益于蒋介石日记手稿以外,作者的独特身份也凸显其重要。他的父亲正是国民党退逃台湾时为蒋介石押运国库黄金的经手人吴嵩庆。从吴兴镛先生笔下还原出来的第一手资料,足以使这本书的分量沉甸甸。

首先我们要弄明白书写"黄金秘档"这段历史的重要性。自从李登辉等"台独"势力上台之后,台湾岛内不少人发出"根本没有大陆黄金运抵台湾"一类的言论。他们的用意很明显,就是想把20世纪70年代以来台湾经济的腾飞完全归结于台湾人自己的努力,试图与大陆撇清关系。吴兴镛先生很不服气。他能耗几十载光阴,埋首故纸堆中,忍受枯燥与寂寞,并天南海北走访众多与此事件相关的当事人,将此书写成并出版,正是秉持了"不容青史尽成灰"的信念。

最早揭开这段尘封历史的是台湾史学家李敖。他在《蒋介石研究》一书中说吴兴镛先生的父亲是"1949年前后'盗窃'大陆国库资金运到台湾的重要人物"。但是,李敖的弊病是常常不作"交叉论证",只凭一条材料就写出洋洋洒洒的文章,犯了史学界"孤证不举"的大忌。吴兴镛先生不介意李敖冒犯其父,而是从他的文章出发,查阅了无数资料,最终把运抵台湾的黄金总数计算得清清楚楚。光是1949年从上海运出的就有:黄金99万两、银元3000万块及美元7000万。正是这笔钱,奠定了台湾经济的基础。后来发行的"新台币"就是用了这笔钱作为保证。因此,1949年国民党初登陆时的台湾金融稳定。在"两蒋"的领导下,台湾人民万众一心,才把台湾打造成令人称羡的"亚洲四小龙"之首。

那么,为什么说蒋介石日记的公开和本书有密切关系呢?因为根据现已公布的1948至1949年的日记看,蒋介石自己就是此运金事件最重要的证人!1949年1月蒋介石宣布下野,但政府官员和军队的指挥权实际还控制于他手。他"以无线电台的电讯及密码遥控军政,幕后掌控国库'现金'运台及运用,坚持发行新台币,把国民党政府重心向台湾转移,作'有计划的放弃大陆'"。这些资料在蒋介石的日记中一清二楚。面对铁一般的事实,"台独"分子尚有何话可说呢?

历史离不了证据，证据离不了材料。所以，越多的材料公开，就越有益于史学家去挖掘历史的真相。在国共对抗的这段历史中，作为国民党统帅的蒋介石和作为共产党统帅的毛泽东是至高无上的两位人物。由于他们特殊的身份和地位，关于他们的第一手资料自然也就弥足珍贵。现在，蒋介石的日记业已逐步向世人公开。希望在不远的将来，我们也能看到关于毛泽东的更多的资料。

《黄金秘档：1949年大陆黄金运台始末》

吴兴镛著，江苏人民出版社，2009年12月版。

不承认天才的天才

<small>书评人可以歇歇了</small>

　　1956年,京剧大师梅兰芳到日本进行访问演出,拜访了一位老友,这位老友是个围棋大师。梅先生问老友:"要让中国的围棋强大,该怎么做好呢?"老友想了想,说:"首先要挖掘出天才,然后让他来日本留学。"在当时的情况下,这位老友或许说得没错。而这,也是他根据自己的人生经历作出的最好的总结。梅兰芳的这位老友,就是大名鼎鼎的吴清源。

　　提起吴清源的大名,对每个中国人、日本人、韩国人来说,想必都是如雷贯耳。这位出生在中国福建省福州市的老人,七岁时就以"围棋神童"出名。十一岁时,他入总理府教段祺瑞下棋。段祺瑞是亲日派的军阀,往来多日本人,于是吴清源得以由日本围棋界名人濑越宪作先生引荐,十四岁渡海东瀛,在那里开始了他光彩耀人的一生。

我是个不懂围棋的人。但是,在看《中的精神》一书时,忍不住被里面惊心动魄的对弈场景所吸引。比如,吴清源到日本后下的第一盘棋,对手是当时的大师秀哉名人。秀哉名人让吴先生二子,当时八段的人被秀哉名人让二子,往往都要输,结果吴先生却赢了。这盘棋奠定了吴清源在日本围棋界的地位。又如,1939年吴清源和木谷实七段对弈"升降十番棋"。这种棋一局要下三天,对心力体力都是很大的考验。下到第三天的时候,木谷实七段因为长时间跪坐,脑部缺氧,突喷鼻血,怦然倒地。比赛到如此惨烈的地步,实在让人不忍释卷。

吴清源的天才,还表现在他对围棋弈法的创新上。十九岁那年,他发明了独家秘籍"三三·星·天元"新布局。此弈法一经出版成书,立刻洛阳纸贵。"新上市的那一天,在出版社的门前就排起了长队,盛况空前,围棋书的销量那么好是前所未有的"。

吴清源在无数场合被人称作"天才"。但是和许多成功人士一样,他却不承认自己是"天才",他说我们光看到他取得的成就,却疏忽了他付出了多少努力。我相信吴先生的成功,很大程度上是因为他有比常人更强的"专注力"。在上文提到他和木谷实七段的对弈中,木谷实七段喷血倒地之后,在场的所有人一拥而上抢救,而吴清源却无动于衷,他深深陷入棋局里,死死盯着棋子。这一幕在田壮壮导演的电影《吴清源》里也得以展现。你可以说吴清源冷漠无情,但是他对自己热爱的事业的专注也不得不使我们折服。

最好的人生,是找到一个值得终身追求的目标,然后一以贯之地坚持下去。吴清源的一生,是为围棋的一生。物以类聚,他身边的师友晚辈们也多如此,无不视围棋为生命。吴清源的恩师濑越宪作先生,1972年在家中自杀身亡,享年83岁,留下的遗书中说明寻短见的原因:"因为不能下棋了。"这让我想起一句诗:"爱到痴心即是魔。""天才"往往命苦,因为他们无法摆脱对天分的"心瘾",一旦天分耗尽,生命亦随之枯竭。而吴清源先生在20世纪80年代退出棋坛,清心寡欲、与世无争,能够达到这种境界,与他通晓中国儒家"中庸"的精神有关。用他自己的话说,他的一生"应该可以说是追求中和的人生吧"。

很多名人写自传,都在经意或不经意间流露出一丝"自恋"的色彩,但是《中的精神》没有。吴清源先生的文字,颇有苏东坡"谈笑间樯橹灰飞烟灭"的意境,像日本饮食,恬淡清雅,但是在品尝之后,却耐人寻味。

《中的精神:吴清源自传》

吴清源、桐山桂一著,王亦青译,中信出版社,2010年1月版。

水流云在,物是人非

最早知道英若诚,当然是在情景剧《我爱我家》里,那个扮演"海归"胡学范的老头儿。不久知道,他曾经担任中华人民共和国文化部副部长,便纳闷,一个堂堂副部长,怎么会来客串一个小角色。后来又知道,他不仅演过《我爱我家》,还演过《茶馆》、《小喇嘛》、《末代皇帝》,是北京人艺的元老之一。我对英若诚的认识,就是这样一点点建立起来的。不过,这样零散的认识,远不及读他的自传《水流云在》来得完整。

约略看《水流云在》,便知道英家几代"英"杰辈出。英若诚的祖父英敛之,是《大公报》和辅仁大学的创办者;其父英千里,是台湾大学的大教授,主攻逻辑学,被公认为"外国人心目中英语最好的中国人";其子英达,则是大名鼎鼎的导演和演员。所以,本书作者之一的康开丽女士把 20 世纪称为"英家的世纪",似也在情理中。

英若诚"对那种从头写到尾的自传有点儿看烦了",所以一开始就写他人生中"最离奇"的岁月——坐牢。英若诚是一九六八年"文革"期间蹲的大狱,罪名是他曾说"毛泽东思想也得一分为二"。在牢里,英若诚目睹很多不堪折磨而自杀的人。幸而他生性开朗幽默,又聪明机警,才能在那段如蜡的岁月中撑过来。他自娱的方式很多,比如:"每天每个囚室都会分到一份报纸。我就照着报纸画毛主席像,当然,我这并不是衷心热爱毛主席,因为到那时我已失去了对伟大领袖的崇拜,甚至对他的理智产生了怀疑。我怕万一被看守发现了,而画毛主席像是最好的保护措施。"又比如,他在监狱里学会了不用火柴点烟的方法:"用一根线穿上两粒瓷纽扣,用牙齿咬住线的一头,另一头用手拽着,让扣子飞速转动,碰击一个铁皮盖子,爆出火星。"狱中生活之艰辛困苦可想而知。三年后英若诚出狱,回家见到同样被关押释放的妻子吴世良,竟惊呆了——"我没想到她老了那么多。她的头发花白了,她的脸干枯了。"古人云:"生怕离情别苦,多少事,欲说还休。"这三年里,连年幼的英达都沦落到要上街乞食的境地;但那一夜,不敢过度亢奋的一家三口,只是买了些好酒好菜,美美地吃了一顿,话话家常。

传记不外乎写事与写人两大要素,这本《水流云在》的亮点我觉得应是后者。因为英若诚的家族背景,以及 1979 年以后他有机会担任高官的缘故,与他交往过的人中有太多值得单独拿出来说的了:曹禺、王蒙、朱旭、阿瑟·米勒、贝尔多鲁奇……1975 年,英若诚离开北京人艺到英文版《中国建设》杂志工作,彼时高行健已经在法文版《中国建设》。他们认识不到一个礼拜,高行健就告诉英若诚自己对出版社工作的无聊乏味有颇多不满,更不理解英若诚为什么要主动离开人艺。英若诚坦言,在当时的氛围里"搞文艺没什么前途"。可高行健说"我想当艺术家",并拜托英若诚帮他进人艺。结果,高行健进了人艺,成了著名的文学家,并在日后摘得诺贝尔文学奖的桂冠。回头想想,如果没有英若诚的热心引荐,或许高行健终其一生都只是个编辑部里的职员,一位伟大的文学家或许就这样被埋没了。

　　说到写人,我觉得英若诚的夫人吴世良女士不得不添上一笔。英若诚虽则只是在几个节骨眼上点出夫人的大名,但却足以使人难忘。无论是她在学校时优异的成绩,在舞台上出众的演出,在图圄里坚强的态度,在家庭中贤淑的作风,都无不显示出"她是典型的高贵的中国女性"(英若诚语)。英达甚至说,英若诚"在表演上不如他母亲有天赋"。1987年,英若诚在意大利拍摄电影《末代皇帝》时,突然接到电话说,吴世良病危,赶快回来见最后一面。他马上请假飞回中国,陪老伴走完了最后的人生。"在他们为她救治的过程中,我请求留在病房里。""我在妻子身边一共守了一个半小时。""最后一位医生走过来对我说:'我们已经尽了最大的努力,……她已经脑死亡。要不要把管子拔掉?'""我当时的答复语无伦次:'不,不,不……行,行。'""我握住妻子的手,听到她最后的呼吸。"看到这里,我不禁黯然神伤,"生人作死别,恨恨哪可论"。英若诚从片场请假回国,本以为《末代皇帝》的演出就此放弃了,"但我最终还是回去完成了电影的拍摄。那是吴世良最终的愿望。她知道对演员来说演这样的角色是一生中难得的机会。"成功的背后总免不了默默无闻的牺牲,这牺牲往往来自自己深爱的人。想到英若诚夫妇几十年如一日相濡以沫的人生,殷鉴不远,百感交集之余,对人生的参悟也随之近了一层。

这本书的书名《水流云在》,是英若诚的祖父英敛之在颐和园附近的英家别墅题的大字,化自杜甫五律《江亭》中的两句"水流心不竞,云在意俱迟"。遥想杜甫当年的心境,不愿像湍急的流水那样匆匆向前,只愿与世无争,做个闲庭信步的"望云翁"。英若诚和他的家族何尝不是这样期许的呢?可悲的是,个体的命运往往无法自己把握,如一叶扁舟在河之上,被"滚滚长江东逝水"裹挟前进。当所有的一切消逝,"伟大"的面纱揭去,我们才恍然悔悟:水流云在,物是人非,一切的一切,都不过是"多情应笑我早生华发"。英若诚的人生,只是十三亿分之一特殊而平凡的缩影。

《水流云在:英若诚自传》

英若诚、康开丽著,张放译,中信出版社,2009年版。

曼德拉的政治艺术与领袖风采

没有人会否认曼德拉的伟大。为了南非的民族事业,他的一生有近30年在狱中度过,终把牢底坐穿,出狱后成为南非第一位黑人总统。他主政期间,在短短十余年内,就把南非从一个深度种族对立的国家,变成全球民主、法制的典范。

2001年,英国《独立报》记者约翰·卡林造访业已卸任总统职位的曼德拉。会谈中,他向曼德拉透露正筹划写一部关于曼德拉的书,但是还没有想好切入点。曼德拉一生坎坷,有太多精彩的时刻可选择。经过长谈,卡林的脑中突然冒出一个绝妙的念头——他想起2000年曼德拉向球王贝利颁发终身成就奖时的一段讲话:"体育具有改变世界的力量。体育的力量无与伦比,它能激励人民,团结人民……要打破种族藩篱,体育的力量胜过各国政府。"卡林于是询问曼德拉,在他的人生中,有没有一场值得大书特书的比赛。曼德拉灵光一闪,两手一拍道:"那就是1995年的橄榄球世界杯!"卡林如获至宝,经过几年的采访和资料收集,写成了《不可征服》这部小说。

政治和体育从来充满微妙的关系。两千多年前古希腊的奥林匹克运动会,曾造就了斯巴达三百壮士的美名。到了现代,体育更是对政治发生了无数次戏剧性的作用。如1936年的柏林奥运会,希特勒本想利用那次赛事证明雅利安人种的优越性,可结果美国黑人选手杰西·欧文斯勇夺四枚金牌,彻底瓦解了希特勒的妄想。

曼德拉1994年刚当选南非总统的时候,国内分歧颇大。黑人支持并看好他,但是白人却对他十分反感,幸灾乐祸地准备看曼德拉出洋相,并恨不得把他拉下台。黑人兄弟很愤怒。既然曼德拉上台了,何不借此机会彻底扭转黑人在南非的被动地位,打倒白人,扭转乾坤呢?当他们把这个意见反映给曼德拉的时候,曼德拉却表示坚决反对。早在坐牢的日子里,曼德拉就悟到真正能解决问题的方法,不是对抗,而是和解。他要利用即将在南非举办的橄榄球世界杯赛这个天赐良机,消解白人与黑人之间的巨大隔阂。他有两个计划:第一,让白人球员在比赛前高唱黑人的国歌《上帝祝福亚非利加》;第二,让黑人观众为白人球队"跳羚"队加油、欢呼、呐喊。为此,他孤注一掷,发誓要让并不强大的"跳羚"队获得世界冠军。

曼德拉绝对是南非的精神领袖,他用他的政治艺术和个人魅力征服了所有人。比如,当曼德拉听说黑人兄弟想要集体投票废除"跳羚"这个队名时,曼德拉强硬地制止了这一行为。又如"对付"反对派头目康斯坦德将军,曼德拉采用"春风化雨"的战术,在一次与曼德拉的长谈之后,二人化干戈为玉帛,共弃前嫌。再如对待"跳羚"队球员,曼德拉安排他们参观他当年坐牢的监狱,让他们设身处地感受黑人的境遇。这一招很管用,队员斯莫尔后来回忆说:"我当时下意识地感觉到,我属于新南非,也体会到一种责任感,毕竟我是'跳羚'队的球员。"不容你不信,最终当"跳羚"队过五关斩六将,在世界杯决赛亮相的时候,南非全国沸腾了,前所未有地团结在一起。而这场比赛,后来也被证明确实是一个重要的里程碑,南非历史从此掀开了崭新的一页。

曼德拉的同事事后回忆说:"他有时太过于相信别人,一旦信赖一个人,就会推心置腹。"我想这或许就是曼德拉魅力的来源。但是,维持这一魅力并不容易,曼德拉做到了。"他对别人的信赖,并没有让我们失望过。"那一场世界杯的胜利只不过是个开头而已,曼德拉用他的实际行动向世人证明:"一件好事发生后,真正的妙处在于,它还会再现。"南非的民族事业如此,经济事业如此,体育事业亦如此。——12年后的2007年,"跳羚"队再次获得了橄榄球世界杯的冠军。

《不可征服:纳尔逊·曼德拉治国传奇》

约翰·卡林著,贾文渊译,法律出版社,2010年版。

"官四代",天生不政治

书评人可以歇歇了

在由香港作家李纯恩的小说《黑社会爸爸》改编而成的电影《一个好爸爸》的结尾,有一幅耐人寻味的画面——黑道大佬李天恩中了警察的子弹,这时,旁白徐徐地说:"李天恩当初花了一分钟踏入江湖,却用了大半生想尽办法离开,这一刻,他终于宣布正式退出。"大抵一个人想要进入一个圈子是容易的,但想要摆脱它则是不容易的。

蒋介石的曾孙蒋友柏,正在逐渐摆脱"蒋家王朝"带给他的政治烙印。

他在台湾拥有一家数一数二的设计公司——橙果,并把分公司开到了上海。人们熟悉的蒋友柏,商业色彩浓于政治色彩。他说:"我没法选择我的身世背景,但我可以先断了所有可利用的资源。"蒋友柏强调自己无党无派,只是一个纯粹的商人。许多年前,台湾"绿营"想请他帮忙设计竞选宣传品,他欣然接受,并声称:谁给的价钱高他就为谁宣传,完全不考虑党派问题。前不久,"绿营"又请他帮忙设计宣传"五都"大选。

　　蒋友柏并不排斥提及"两蒋"。实际上,这办不到也没必要。不过当他搬出"两蒋"这张王牌时,只是把他们作为商业宣传罢了,绝对与政治无关。比如他设计和贩售Q版蒋介石和蒋经国公仔,以此作为噱头。他说:"我生下来就是一个品牌,这个品牌从最好到最坏,我都看过,现在它正在慢慢变好。"从纯粹的商业立场考虑,他会把一切可利用的资源都利用起来。蒋友柏已经是"官四代"。他的父亲蒋孝勇还没有办法真正摆脱政治的阴影,但是他可以。

　　早在"官三代"蒋孝勇步入社会之时,就已经有了远离政治的想法。

　　蒋孝勇大学毕业后,曾向蒋经国提出要到民间去工作,做一个"布衣"。可是蒋经国不同意。理由很简单,蒋经国深知无论蒋孝勇有多么强烈的脱离政治的愿望,身为在任"总统"之子的他,是绝对不可能甩掉"太子党"标签的。结果蒋孝勇走了一条折中的路,去了国民党的"国企"工作,既非绝对政治也非绝对商业。后来蒋孝勇在"国企"成绩不俗,被胜利冲昏头脑的他有意尝试涉足政坛。蒋经国闻知,跟蒋孝勇语重心长地说:"孝勇啊,你已经成熟了,你以后要做什么,我随便你;但我又劝你一件事情.政治是一条很辛苦的路。"蒋孝勇回答说:"报告父亲,我这辈子啊,你放心好了。别的事情我都会做,就是两件事情我不做——第一个不干公务员;第二个不做党工。"结果蒋孝勇的努力没有成功,他仍旧被无情地卷进了政治的漩涡,最终在台湾政坛"变天"之际,携着全家黯然奔赴加拿大,过起了"隐居"生活。

这些事,在蒋友柏心里都留下了痕迹。他在加拿大和美国念书期间,环绕他的尽是"政治"二字。上到曾祖母宋美龄,下到身边的同龄玩伴,无时无刻不在提醒他是"中华民国总统"蒋介石和蒋经国的后人。宋美龄有一次意味深长地对蒋友柏和其弟弟说:"要记住两件事——第一,不要忘记你们姓蒋;第二,不要忘记你们是中国人!"蒋友柏当时虽然年幼,却深深感受到"蒋"这个姓沉甸甸的分量。——做人难,做蒋家人更难!

然而,蒋友柏距离蒋介石毕竟已经"四代"之遥,他有天时地利人和去闯出一条新路。天时,是"变色"的台湾政坛与缓和的两岸关系;地利,是身在北美"逍遥法外";人和,是他的男性父辈(蒋孝文、蒋孝武、蒋孝勇)竟然全部离世。再加上母亲方智怡的开放式教育,没有人可以"锁"住他,只要他大胆地跨出一步,即是一片新天地。

所以,当陈水扁在台湾兴起"去蒋化"运动时,蒋友柏一开始难免有些心酸,但很快便理性而淡定地面对一切。甚至于,他还积极投身到"去蒋化"运动当中去——"他承认'蒋家曾迫害台湾人民';他认为给'两蒋'竖立铜像是错的;他赞成把'大中至正'牌匾换成'自由广场';他甚至表示理解,并在某种程度上赞成'去蒋'行动。但他也不忘强调,'去蒋'已经为'台湾民主'做了很大努力,既然目的已经达到,台湾应该从'反蒋'进入到'后蒋'时代,不要再把'两蒋'当做图腾。"《悬崖边的贵族·序言》)

中国俗话说:富不过三代。实际上,"官"也不会过三代。如今,当有人炮轰蒋友柏有"以政养商"嫌疑时,他可以颇为"放肆"地说:"政治,关我什么事!"蒋友柏只把"两蒋"当成"时尚",要让所有人把他们印在 T 恤上。——就像古巴的切·格瓦拉一样。(曾有一句名言:我不知道切是谁,但我把他穿在身上。)

蒋友柏无疑是"悬崖边的贵族"。但悬崖的另一边是什么?不见得非得是万丈深渊,也可能是碧海蓝天。

《悬崖边的贵族》

周为筠著,江苏人民出版社,2010 年 5 月版。

蒋介石与日本的暧昧关系

前不久,"蒋介石与近代中国国际学术研讨会"在杭州浙江大学举办,这是大陆第一次以蒋介石为对象的国际研讨会。浙江是蒋介石的老家,为了好好利用这笔"历史资源",浙江大学特别成立"蒋介石研究中心",由陈红民教授担任主任。而作为"中心"重要的研究成果,浙江大学出版社近期出版的《蒋介石的后半生》成为重头戏。和2008年出版的"年度好书"《找寻真实的蒋介石》作者杨天石教授一样,陈红民教授也是多次亲赴美国斯坦福大学查阅蒋介石日记手稿的人。所以,这本书自然又多了一份珍贵的史料价值。

《蒋介石的后半生》从1949年国民党败退台湾说起。

自 1895 年《马关条约》起，台湾在日本人统治下整整 50 年。时至如今，你还能在台湾找到不少日本的影子，无论是建筑、语言，还是台湾人的生活方式等等。蒋介石在大陆执政期间，曾领导抗日战争，作为胜利者接收回归的台湾。从这层意义上说，日本固然是他的"敌人"。

然而，日本之于蒋介石从来就不是纯粹的。他早年留学日本；他的前辈、"国父"孙中山与不少日本革命家亦保持着良好的"战斗友情"。而台湾人中，很多自幼就认为自己是日本人多于是中国人。在经历了"二二八"事件之后；当 1949 年，率领国民党大军的蒋介石败退台湾时，他与日本的关系更增加了一丝暧昧。

一般提起蒋介石在台湾的"后台"，都会自然而然想到美国。但实际上，在国民党刚刚到台湾之时，除了美国，还有一个叫"白团"的日本旧军官组织在暗中协助蒋介石，扮演"顾问团"的角色。这些人受雇于冈村宁次，歃血为盟，效忠于蒋介石。（冈村宁次由于蒋介石的包庇，在二战结束后免于军事法庭审判，故感念在心。）"白团"的任务是设计"台湾防卫计划"，帮助国民党整顿军务，尤其是施予日式的"精神教育"。

"白团"的行动在台湾属于"极机密"。蒋介石自己心里也清楚：一方面，日本发动侵华战争，在中国烧杀掳掠，犯下滔天大罪不算，现在居然还把他们请来当"座上宾"，任何一个有良心的中国人在情感上都无法接受；另一方面，日本战败，身为中国的"手下败将"，有什么资格对中国人指手画脚呢？所以，即便在日记中，蒋介石言及此事都极其谨慎，仅称他们为"日本教官"而已。为了给接受训练的中国军人"洗脑"，蒋介石搬出孙中山的"大亚洲主义"做挡箭牌，希冀中日军人能和睦相处。而训练的结果，根据蒋介石在日记中所说是"实超过所预期者"。蒋介石颇为此沾沾自喜。但是纸里包不住火,再严格的保密工作也有疏漏,1951年香港一家报纸报道了"白团"。消息传到美国政府那里,后果很严重。美方立刻向蒋介石施压,坚决不允许他们这两个在他控制之下的"棋子"朋比为奸。"白团"遂逐渐淡出。

台湾时代的蒋介石政权,在"外交"上一直处于节节败退之势。由于新中国的崛起,"反攻大陆"越来越成为虚无缥缈的愿景。在这种背景之下,大部分主权国家都选择与台湾"断交"。蒋介石又想起了日本。而此时的日本,也看出了跟台湾合作已是"强弩之末",与新中国建交才是"王道"。但是蒋介石非常希望拉拢日本,于是找美国政府出面,要求日本与台湾签订"和约"。日本方面对美国无可奈何,只好出了"奇招",搞了一次"公投",得出的"结论"为:支持与台北或北京缔约者各38%,余下24%国民无所谓。蒋介石仍不死心,派"外交部长"叶公超游说美国,终于成功迫使日本签订"和约"。第二年,日本首相岸信介访台。表面上,台日关系处于"蜜月期";但暗地里,这时候蒋介石在"外交"上已经成为美国和日本的"鸡肋"。尤其是日本,若不是迫于美国压力,绝不会与蒋介石签订如此"和约";与新中国建交已在日本政府的"日程表"上,而这份"和约",无疑是绊脚石。

到20世纪70年代,日本已成为经济大国,在外交上逐渐摆脱美国的控制,而台湾则仍处于被动地位。雪上加霜的是,1971年,"中华民国"被逐出联合国,中华人民共和国取得常任理事国地位;1972年初,尼克松访华。日本闻知此事,赶紧"趁热打铁",于同年年底与新中国建立邦交,台日关系彻底决裂。

据说,蒋介石在得知日本与新中国建交之后,盛怒不已,心脏大受刺激，埋下病根。在接下来的3年里，台湾内外交迫，他的精神状况一直不好。1975年4月5日，蒋介石突发心脏病，逝世于官邸内。

蒋介石的后半生，一直想借助美国和日本"反攻大陆"，可是他终究没有力量挽住历史之舟。他与日本的那种既是"敌人"又是"战友"的暧昧关系，则更是耐人寻味。作为中国近代史上最重要也最有争议性的人物，蒋介石的一生，尤其是后半生，真值得好好研究。

《蒋介石的后半生》

陈红民等著，浙江大学出版社，2010年3月版。

为"小人物"立传

想起几年前看到的一则小故事——

话说1907年,胡适参加留美官费考试。放榜当日,他乘人力车去看榜,到达时已是天黑。他提着车上的灯,从榜尾往前察看,看完一张榜没有自己的名字,很是失望。这时突然发现还有另一张"备取"榜,喜出望外,又是从榜尾往前看,终于看到了"自己的名字"。可是定睛一看,原来是个叫"胡达"的人。再往上看,不多久,终于看到了自己的名字:"胡适"。他心里暗自忖道:"那个胡达不知是谁,害我空高兴一场!"后来他俩在美国康奈尔大学成了同学,胡适才知道"那个胡达便是胡明复"。胡明复便是《从龚自珍到司徒雷登》书中的主人公之一。

早就听说傅国涌先生在写这样一本书。他和一群不相识的人,包了一辆大巴车,遍寻点缀在西湖周边的"名人墓冢",吊唁、拍照。有的墓已经处于"荒废"状态,下车后七弯八拐曲径探幽,有时候连他自己都不相信"×××墓"居然会在那里,但他都一一找到了。他说他要把这些人的故事都写出来,像一条链子一样把中国近代史穿起。所以,傅先生在书的前言中说:"我很想把这本书叫做'西湖版'百年中国史。"

按照中国人惯常的说法:成王败寇。人生在世就是要"立功名"、"垂青史"。因此,对权力的崇拜,对胜利的渴望,成为中国人普遍的心理模式。以至于,那些没有建立"丰功伟业",没有成为"王侯将相"的人,往往会被冠以"失败者"的帽子。很少有人去关心那些曾经为推动历史做出过贡献而半途"牺牲"的人。

比如前文所述胡明复先生。他在美留学期间发起创办的"中国科学社"和《科学》杂志,是中国最早的现代科学社团和期刊。《新青年》杂志提倡"德先生"和"赛先生",其实真正实践"赛先生"的应该是胡明复。他因一次溺水事件英年早逝,死时才37岁。追悼会上,化学家任鸿隽说:"胡明复和200年前去世的牛顿、100年前去世的法国算学家拉勃拉斯一样都是尽粹科学、至死不倦的一个人,然而胡明复不幸没有得到前两者那样的成就和寿数,牛顿活到了85岁,拉勃拉斯也活到了78岁。"是故,后人便经意或不经意间将这位中国科学主义的先驱渐渐淡忘了。

今时今日环绕西湖,游客们纷至沓来参观最多的"名人墓冢"恐怕要数"苏小小墓"了。可是大抵很少有人知道这其实只是个"虚拟"的坟墓,里面根本没有苏小小的遗骸。而因为笼罩其冢的亭子名叫"慕才亭",谐音"摸财",红男绿女到了那里便都忍不住想去"摸"一把。谁尚记得仅在百步之内,还有一个秋瑾墓?更不必说什么宋教仁墓、任鸿年墓和苏曼殊墓了。

傅先生在书的后记中提到,天安门人民英雄纪念碑的浮雕,上起虎门销烟,下至五四运动,形成一个圆圈,全都是激进的历史事件。而"那些以和平渐进的方式推动社会进步的努力,基本上没能进入这个圆圈"。我顺着这条思路,又想起傅先生在之前一本书的后记中说过的一段话,大意是:那些没有轰轰烈烈建立"伟业"的人,或许没能太多地改变社会,但是回头来看,这些人给历史留下的正面的东西或许比负面的东西要多。做"大人物"还是"小人物",是每个人都应该思考的问题和作出的选择。傅先生不能为"大人物"立碑,但他在为"小人物"立传,这便是大功德。

读罢此书,我迎着绵绵细雨重游了西湖。这一次,西湖真的大不同了,她有了这二十多位近代"小人物"的生命。

《从龚自珍到司徒雷登》

傅国涌著,江苏文艺出版社,2010年5月版。

读书人的复仇

在中国繁多的朝代中,明朝是很有特色的一个。打从一开始,它的建立者就与众不同。朱元璋,一个做过农民、乞丐、和尚、流氓、土匪的皇帝,仇恨一切在内涵方面胜于他的人。于是,他给明朝拟定的"基本国策"为:鄙视读书人。朱元璋好鞭杀、廷杖、兴文字狱于读书人是出了名的。

自古中国读书人的精神支柱是"圣人之道"。"圣人"教人"修齐治平",有担当,"先天下之忧而忧,后天下之乐而乐","为天地立心、为生民请命、为往圣继绝学、为万世开太平"。所以,即便朱元璋残酷地迫害读书人,在他死后,还会有方孝孺这样的"书呆子",不惜冒被"夷十族"的风险,仍要跟明成祖朱棣作对。

不过,终究无法寄望所有人都像方孝孺般大无畏。自明太祖以降,永乐、宣德、正统诸帝廷杖士人的事情屡见不鲜。所谓廷杖,就是当众扒去裤子,在众目睽睽之下打屁股,轻则致残,重则致死。不过,对读书人来说,廷杖最可怕的地方不是皮肉之痛,而是精神上的侮辱。在朝廷上,当着自己的老师、同学、弟子的面,露出白嫩的屁股,这是让人无法忍受的。

读书人是智商很高的群体,在皇帝的高压之下,他们很快就能摸到生存的法门。经过明初对读书人的打压之后,至明代中叶,读书人的品质发生了很大变化,"明哲保身"的风气日盛。此时,王阳明的"心学"适时兴起。这种哲学强调"无"的境界,和佛教禅宗如出一辙,恰好方便读书人避世之需。"正是由于明中期这种哲学思潮的演变和影响,使此后的学界乃至士风均越走越极端,所谓名士多浮夸侈谈之气,只晓得清谈道德文章,于经世治国只会一句顺天理明道德,逢变就敦请皇帝下'罪己诏',余则通通一筹莫展束手无策,唯徒呼奈何而已。"读书人渐渐只关注自己的利益得失,趋向于极端个人主义,对国家安危和社稷宗庙采取了一种令人心寒的冷漠态度。

明朝经济其实还算不错。所以,皇帝们基本上也默认读书人追名逐利的心态。他们想,只要读书人不要篡权夺位,养着他们,贪财、怕死等等性格缺陷对政权来说都是"好事"。乃至发生大大小小的党争,皇帝们也睁一只眼闭一只眼,不到万不得已不会插手干涉。他们觉得,用金钱腐化读书人,读书人就会变得更"安全"。

然而,皇帝们却疏忽了一点:他们早已失去读书人的拥护,他们养着的是"一群见利忘义的小人";对这群小人来说,除非皇帝们的政权保持和谐稳定,否则这群"没有良心"的读书人随时都会"弃国而去"。换句话说,读书人正在用一种"犬儒"的心态和行为,对皇帝实施着报复。

终于,"大变局"出现,1644年,李自成来了,皇太极也来了。历任明朝皇帝心中"不喜欢闹事"的"乖大臣",在清兵入关的一刻,齐刷刷放弃了明朝。他们中,有的遁隐山林做起了"隐士",如马士英、朱耷;有的则干脆投降清朝,"黄宗羲、张岱在鲁监国政权处境艰难时,转入清方统治区遵制剃头,以'遗民'自居"。天朝大国,表面上波澜不惊,实则早已千疮百孔,天崩地解,几于一夜。

无论你相信与否,读书人是"最记仇"的一群,无论隔了多少代,他们都会复仇。如果你曾经得罪过读书人,他们的怨恨情绪会世代相传;你可以暂时用金钱腐化他们,但是最终会自食其果。《天崩地解》一书给我们的教训是:明朝压迫读书人,就像"蝴蝶效应"一样,蝴蝶一振翅,最终酿成一场风暴。

《天崩地解:1644大变局》

汗青著,山西人民出版社,2010年3月版。

生子当如蒋经国

目下育儿类书籍风靡全国，反映了在这个瞬息万变的时代，人们对自身前途的焦虑，于是把关注的重心转移到下一代身上。所以，陶涵教授的传世佳作《蒋经国传》，虽然具有难能可贵的史料价值，可我却故意把它当做一本"育儿书"来读，看看蒋介石是如何教育儿子的；而蒋经国，又是在怎样的环境下成长起来的。

蒋经国是怎样炼成的？蒋介石早在其幼年的时候，就给两个儿子蒋经国和蒋纬国贴上了"标签"。一天，蒋介石带经国、纬国散步归来，在日记里写下："经儿可教，纬儿可爱。"由此可见，从一开始，蒋介石就定下了重点培养蒋经国成为事业接班人的"战略"。

蒋介石是个受传统文化影响颇深的人物，在 20 世纪初新旧文化的交汇点上,他对蒋经国的教育,也是"中西医结合疗效好"。比如,少年时候的蒋经国要接受新式学校教育,学习英文。蒋介石曾对他说:"现在时世,不懂英文,正如哑子一样。"另外,还要读孙中山的《三民主义》;但是同时呢,蒋介石也要蒋经国反复温习儒家经典如《论语》《孟子》,读《曾文正公家书》这样道学味十足的书,还建议这些古书都要"读百遍以上";并且勒令儿子每星期要写一封两三百字的信给他,"报告课业进修心得,儿子疏于写信,必遭斥责"。除此之外,蒋介石自己也坚持给蒋经国写信,他建议儿子把他的去函保存下来,有暇就取出来温故知新。

在这样的环境下成长起来的蒋经国,果然不令人失望,从小便有了蒋介石期许的担当。1924年3月20日,蒋经国给父亲写了一封信,建议在老家溪口的武山小学设立"平民"免费夜校,供农民学习文化知识。那一年蒋经国只有十四岁。虽然他的建议显得幼稚(蒋介石后来拒绝了他的建议,理由是"溪口电力不足,农民早早就上床睡觉,而且他们也还不理解受教育的重要性"),但很看得出蒋经国有做社会公仆、为百姓谋益的心情。

1925年蒋经国小学毕业,升入上海浦东中学。也就是在那一年,苏联创办专门为中国留学生设立的中山大学。彼时的蒋经国,与左翼学生过往甚密,便萌生了去苏联留学的念头。他与几位朋友商量后决定尝试申请。

蒋经国请求教育家吴稚晖给他写推荐信。吴稚晖问他为什么想远赴苏联求学。蒋经国答说:"为了革命。"吴大笑:"革命就是造反,难道你不怕吗?"他说不怕。吴稚晖告诉他:"革命不是这么简单的,你再去考虑一下。"两星期之后,蒋经国又去找吴稚晖,表示依然决心要去莫斯科。这一次吴稚晖终于被说动,于是道:"你去试试也好,青年人多尝试一次,都是好的。"

到莫斯科后的蒋经国,思想上显得极为"左倾"。1927年中国国内发生"四一二清共事件"之后没几日,俄国报纸头版刊登出蒋经国的声明。声明说:

> 蒋介石是我的父亲和革命友人,现在却是我的敌人。几天前,他已经不再是革命党,成了反革命分子。他对革命说尽好话,时机一到却背叛了革命……打倒蒋介石!打倒叛贼!

后来发生的种种,都已经成为历史了。

生子当如蒋经国。因为在阅读《蒋经国传》时,我不禁想起多年前在《林肯传》中看到的一句至理名言:如果一个孩子,连他的爸爸都管不住他的话,那么,这意味着他就要成功了!

《蒋经国传》

陶涵等著,华文出版社,2010年9月版。

暴风雨中的北京四中

光绪三十一年(1905年),清学部议复御史张世培向顺天府上表了一份名为《议复御史张世培奏顺天府尹破坏章程淆乱定章折》,希望在东路中学堂、西路中学堂、南路中学堂和北路中学堂外,再设顺天中学堂,选其优秀学生入读,以容四校合格肄业学生。1907年,顺天中学堂成立,即是后来有名的北京四中的前身。

一百多年来,北京四中名人辈出。诗人冯至、史学家李敖、文学家王蒙、"学术超女"于丹等等,都是四中校友,不胜枚举。但是最近,有一本名叫《暴风雨的记忆:1965—1970年的北京四中》的书,把18位校友聚集到一块儿,共同回忆他们在四中暴风骤雨般的惨绿岁月。他们中有的现在已经名满天下,比如赵振开、陈凯歌、周孝正……

北京四中因为历史悠久,几乎见证了完整的20世纪中国。这本书,集中呈现了1965年至1970年这五年的历史。这五年间,四中发生了暴风骤雨般的变化。1966年6月1日《人民日报》发表《横扫一切牛鬼蛇神》的社论,6月3日四中正式停课,开始无休止的运动。这18位北京四中校友,年龄在13岁到20岁之间,是名副其实的teenager。都说少年不识愁滋味,但他们的少年却充满了愁苦。

在18篇文章中,我没想到写得最好的竟然是导演陈凯歌的《青春剑》。叙事沉着,笔风阴郁,充满了中年人对少年时代的忏悔。

陈凯歌是1965年入的北京四中。入学那天,他和一千八百名同学站在操场上,倾听新任女校长的讲话。这位女校长有些年纪,头发花白,论资历可以做大学校长。她出任四中校长,是为了兑现她的诺言,照看"我们自己的孩子"。后来"文革"爆发,学生造反,把女校长拖到操场上批斗。在同一个操场上,女校长"银白的头发在八月的骄阳下缕缕行行,汗水在地下湿成一片"。无论学生们问她什么,她只颤着嘴唇回答一句:"你们都是我的孩子……"这位女校长,原来就是有名的教育家杨滨。

当然,遭殃的不仅是杨校长,也包括陈凯歌本人,因为他的父亲陈怀皑(著名导演,曾执导过《小兵张嘎》、《青春之歌》等)是"历史反革命"。

陈凯歌写道,一天深夜突然有上百红卫兵到他住的院子抄家。这个院子里,住的都是艺术家,也是红卫兵口中的"走资派"。陈凯歌看见"父亲被押进院子",他站在人群中,看着人们开始批判父亲。"他的头衔是'国民党分子、历史反革命、漏网右派'。"然后,大家开始高喊"打倒"的口号。陈凯歌说:"我也喊了,自己听见了自己的声音,很大。"然后,红卫兵把陈凯歌叫出来,叫他公开和父亲划清界限。"四周都是热辣辣快意的眼睛,我无法回避,只是声嘶力竭地说着什么,我突然觉得我在此刻很爱这陌生人,我是在试着推倒他的时候发现这个威严强大的父亲原来是很弱的一个,似乎在这时他变成了真正的父亲。"于是,他对父亲进行了"批判"。直到红卫兵们"满载而归"为止。

世界上有不少伟大的"少年文学"。这些伟大的"少年文学"试图告诉我们一个常识,即"少年时代"是一个痛苦成长的时代,同时也是一个人格蜕变的时代。少年时代的自我耽溺,表现出来对自我的过度关注,其实是对存在的质疑和反思。那种专注于自我,不断鞭打内心的体验每一个人都必须经历,在经受痛苦的折磨后,寻求生命的升华。如歌德的《少年维特之烦恼》,维特最后选择了自杀,这是一种挣脱命运枷锁的表现。少年时代,人类最大的功课是学习。

在这个"学习"的过程中,卑鄙者更加卑鄙,高尚者更加高尚,更多的人则是看到了人性的真面目。陈凯歌说:"在十四岁时,我已经学会了背叛自己的父亲。"当然,学到的远不止此。还有同学之间的众叛亲离,还有一个老师尊严的被羞辱,还有目睹一个高干子弟怎样从令人歆羡到遭人鄙夷。风雨过后重新站起来的人,"老眼平生空四海",年纪虽不大,却少年老成。是故,那一代年轻人,比现在的年轻人更为深刻。

拜此书之赐,我了解到很多历史的细节。读赵振开的《走进暴风雨》,才知道"文革"时候的"神曲"——《红卫兵战歌》就是赵振开的班长刘辉宣作词作曲的。这首歌的最后一段歌词是这样的:"老子革命儿好汉,老子反动儿混蛋,要是革命你就站过来,要是不革命你就滚他妈的蛋!"又如,1966年6月某日,北京四中初二学生刘源,把一封信放在当国家主席的父亲的案头。事后知道,这是高三(五)班的几个高干子弟幕后策划的,他们闻知有意废除高考,决定抓住这一历史时刻。后来,他们果然"成功"了。

《暴风雨的记忆》读起来或许觉得有些琐碎,并非有系统的历史,纯属18个人的个人回忆。但北岛在书的序言中说得很清楚:"暴风雨过去了,如果连什么记忆都没留下,我们不仅愧对自己,也愧对我们的后代——所以有了这本书。"因此这本书,或许可以作为"文革史"的一个注脚来读。

历史无法书写,只能记录。历史无法还原,只能描述。我们需要更多、更多这样的"个人回忆",用以帮助后人尽量接近那段暴风骤雨的历史。

殷鉴不远,为后世之师。

《暴风雨的记忆》
　　北岛等主编,牛津大学出版社,2011年4月版。

古代史的妙处

2001年夏天,汤姆·霍兰和一位大学历史系主任朋友闲聊。朋友告诉霍兰,他们学校每年都要求毕业生上交一篇关于"希特勒崛起"的论文,而他提议从当年起将论文题目改成"十字军东征"。这个提议很快遭到众人的反对。在他们看来,研究十字军这样久远的题目,对当下毫无意义,历史学者应该从近代史和当代史中挖掘可以借鉴的素材。霍兰的朋友不能认同这样的观点,在他看来"历史系学生应该从研究一个与20世纪的各个独裁者完全无关的题目中获得收益",这项研究可以帮助人们更好地了解伊斯兰教和基督教矛盾的根源。霍兰很同意这位朋友的观点。实际上,早在很小的时候,他就对古代史发生了浓厚的兴趣。

正当这位历史系主任朋友与同事们争执不下的时候,美国"911"事件发生了。本·拉登使伊斯兰教文明和基督教文明有了一次剧烈的碰撞。在这样的背景下,霍兰先生清楚地认识到:"在新的世纪中不同文明之间注定要发生冲突。"而要从根本上解决这个问题,则必须从远古时代入手。第一步要做的,就是把两种文明的第一次碰撞完整再现出来。于是,霍兰先生就着手写了《波斯战火:第一个世界帝国及其西征》。

其实在本书之前,霍兰已经用一本《卢比孔河:罗马共和国的胜利与悲剧》跻身 2005 年英国最受欢迎的历史作家行列。霍兰之所以能征服广大读者,是因为他的文笔实在了得,大处波澜壮阔,小处细致入微,加之中译本翻译得惟妙惟肖,言简意赅,在阅读时简直让人产生一种该书是直接用中文写作的错觉。

话说两千五百年前的"伊斯兰教文明"和"基督教文明",与现在真是大相径庭。波斯,是统摄整个中亚、西亚的大帝国,而希腊,则只是富足一方的城邦制小岛国。波斯既已成为"第一世界国家",便威慑周边列邦,有的虽不出兵征讨,但是却要求他们臣服于波斯王的脚下。当时表示臣服的仪式,是向波斯大使献上土和水。如若照办,则波斯王"皇恩浩荡",不仅可以"和平相处",而且出乎意料地表现出对异国文化的宽容和友好。比如,波斯王居鲁士大帝在征服巴比伦之后,即宣称自己是巴比伦诸神最钟爱的人,乃与波斯神并不抵触。

但霍兰教授敏锐地察觉到,这种颇似今日美军在外国参加各种宗教活动,表现出极力融入异域文明的行为,其实质并不是真的尊重,而"完全是因为他(居鲁士)根本不相信其中任何一种宗教"。由于无信仰,所以不在乎。这种名义上的"波斯和平",蒙蔽了许多国家,唯独爱好自由、平等、民主的希腊人无法接受。而希腊诸城邦中,又以雅典和斯巴达为尤。

众所周知,雅典以爱好文艺出名,而斯巴达则以尚武精神著称。本来二者颇有异议,但是在波斯帝国的挑战面前,他们却出乎意料地团结起来了。事情的转机就是"马拉松战役"。在面对波斯浩浩荡荡的大军时,雅典人毫不畏惧,用他们的重甲步兵上演了一场以少胜多的经典战役。从此,斯巴达人对雅典人刮目相看。过去,在斯巴达人眼中,雅典人不外乎是一群"文艺青年"和"同性恋者"(boy lovers),但现在,他们却成为最为可靠的战友。所以,在波斯大使向斯巴达王勒奥尼达斯索取土和水的时候,他把波斯大使一脚踢下水井,并说:"去取吧,这里面多的是土和水!"

那年夏天,波斯王薛西斯举百万大军正式向斯巴达宣战。斯巴达内部开始热议。鹰派人物像本·拉登一样,坚信可以击败包括万王之王在内的任何敌人;而鸽派人物则害怕会使斯巴达覆灭。此时,又正值希腊举办奥运会,根据法律任何希腊城邦不得动兵。于是勒奥尼达斯采取折衷办法:率领三百个最强悍的斯巴达战士,在温泉关抵挡薛西斯的十万先头部队。

起初,薛西斯当然觉得勒奥尼达斯的做法很可笑,区区三百人怎么可能敌得过庞大的波斯军队,消灭他们简直如拍死臭虫一样容易。可是很快,薛西斯就笑不出来了,连续几天的猛烈进攻,居然都拔不下这一座军营。斯巴达人的机智、骁勇、果敢,竟然使万王之王不寒而栗。最终,依靠斯巴达内部的叛徒,薛西斯才攻破了勒奥尼达斯的防线。可是这第一波的进攻也就此化解了。

等到薛西斯二度发兵征讨希腊的时候,他发现,整个希腊已经团结得固若金汤,波斯人企图征服希腊的计划彻底破灭了。不仅如此,由于内部的叛乱,波斯从此一蹶不振,再难侵犯西方世界,只能苟求自保。

另一方面,赢得胜利的希腊人在这场自卫战争的几十年内,发誓永不效仿波斯人的风俗。可是,胜利往往冲昏人们的头脑。首先是雅典人,在波斯王的"启示"下,他们开始怀疑为什么不推翻城邦制而建立统一的希腊。于是,以希腊为首的"改革派"和以斯巴达人为首的"保守派"爆发内战,是为"伯罗奔尼撒战争"。经过27年的战争,希腊非但没有统一,反而变得分崩离析。最终,北方的马其顿人崛起,马其顿国王占领了希腊,攻破了波斯,一直打到印度。这位马其顿国王,名叫亚历山大。

人类有史以来,东方文明和西方文明的第一次碰撞,就以这种"螳螂捕蝉,黄雀在后"的荒诞结局收场。霍兰先生用一句极具讽刺意味的话总结道:"希腊和波斯第一次处于同一帝王的统治之下。"

假如奥斯瓦尔德·斯宾格勒的"历史循环理论"不错的话,那么,这段历史能给今天的世界以什么启示?以美国为代表的基督教文明和以基地组织为代表的伊斯兰文明,会不会重蹈希腊与波斯的覆辙?在霍兰先生的解读之下,我们不难发现,在波斯想要进攻希腊的前夕,波斯人对希腊人的定位,与今日的"恐怖分子"颇为相似。那种强势文明对弱势文明的"妖魔化"简直如出一辙。波斯人扮演着"更文明"、"更开放"、"更进步"的角色,佯装出一副"救世主"的姿态试图"解放"希腊人。但到头来,越是这样的攻击,越使得希腊内部团结得紧密。而侥幸获胜的希腊,却不知好歹地沾沾自喜起来。这里有太多问题困扰着我们。

不过无论如何,我们总算解决了一个问题。那就是,无论是研究近代史还是古代史,都能给我们带来启发,这便是古代史的妙处。司马光写《资治通鉴》,初衷在于"凡关国家之盛衰,系生民之休戚,善为可法,恶为可戒,帝王所宜知者"。其实何止帝王,每个公民皆所宜知也!

《波斯战火:第一个世界帝国及其西征》

汤姆·霍兰著,于润生译,新星出版社,2009年12月版。

饥饿的艺术家

读音乐史以为鉴

某日,在街上看见一男子,身着 T 恤衫,上书:"No Music, No Life"(没有音乐,没有生活)。我跟自己笑一下,心想:"完了。"

"完了"的不是那个男子,不是那件 T 恤衫,不是生活,而是音乐。

不知道从什么时候开始,音乐开始变成我们生活中的维生素。我胡乱猜想,这大概又是"天杀的"日本人造的孽。自从日本人发明了"卡拉 OK"和"随身听"(walkman)这两样东西以后,我们日常生活最重要的娱乐活动就变成了唱歌和听歌。而随处可见的带着耳塞的人,更使得音乐成为隔绝世界与自己的最佳"屏障"。(倘若卡拉 OK 和耳塞传出来的声音也能称之为音乐的话。)

可是在过去,音乐从来都是小众的。音乐之所以高雅,就是因为没有多少人能够享有她;音乐家之所以牛气,也正是因为没有多少人会玩音乐,他们的"奇技淫巧"虽遭人羡慕嫉妒恨,却不能不令人折服。这是我读《永恒的日记——每一天的音乐》一书最大的体会。这是一本记录"历史上的今天"的音乐书,对想简单了解音乐"趣史"的朋友来说是不错的选择。

说它是"趣史"是有原因的。这本书有趣的地方之一,是它告诉我们那些名载史册的音乐家们"不能说的秘密"。让我们看看5月4日这一天发生了什么:"(1860年)声明鼎盛时期的威尔第向出版商利考蒂借钱装修他在桑塔伽塔德的房子。'这几年来,我一直住在乡下的小茅屋里,条件非常差,太简陋,太不体面。我几乎可以说,我羞于把它展示给别人,哪怕是我最亲密的朋友。'"请注意这段话中的"声明鼎盛"四个字,向别人借钱装修房子的威尔第在当时的名气应该已如今日之"大师"谭盾,可是却穷到这般田地,不得不教人震惊。不知道今天"消费社会"的人怎么想。在那个时代,即便一无所有也要奋斗,这才是"精神贵族"。

这本书有趣的地方之二,是它记录了一些既无关痛痒又莫名其妙的东西。比如6月4日这一天:"(1787年)莫扎特埋葬了他的宠物八哥。"这和音乐有关么?或许有关,或许无关。但作为读者的我读到这句话的时候,却认真停下来思考了一阵子。为什么编撰者诺曼·莱布雷希特要特地从故纸堆里翻出这句话收录进来?我的解释是:你自然可以觉得没必要,甚至可以为作者此举大发雷霆,但是要知道,莫扎特埋葬了他的宠物八哥,他做了,即是事实,事实即是历史,你可以认定它不重要(重不重要并非你说了算),但你却不可假装这件事从来没有发生过。人过留名,雁过留声,所有人的所有行为都应该以一种恰当的方式为后人记住。他们的言行功过如何且不论,做对了我们继承,做错了我们借鉴,历史自有公论。

这本书有趣的地方之三,是它记录了不少可笑的话。再看10月1日这一天:"(1772年)腓特烈大帝为伯内博士吹奏长笛。'陛下的独奏部分十分精准,他的气息清晰而平稳,他的手指灵动,他的品位纯净而洁简……很明显,这些协奏曲是他在一口气没怎么呼吸的情况下写出来的……'"不知道您看这段话,是不是跟我一样鸡皮疙瘩掉了一地。见过会拍马屁的,没见过这么会拍马屁的,更没见过拍马屁拍得这么露骨的! 或许是我偏执,我从来不相信一个"在位者"能有多高的艺术修养。可是很多"笔尖常带感情"的文字就是这样记载的:伟人、圣人、神人"三位一体",博古通今,学贯中西,经天纬地,前无古人、后无来者……你相信这些鬼话吗?

最后,让我们"八卦"一下,看看历史上的今天——9月28日发生了什么:"(1947年)无名的格鲁吉亚人瓦诺·穆拉德里(Vano Muradeli,1908—1970)为红色革命30周年而作的《伟大的友谊》在斯大林格勒(现为伏尔加格勒)和其他十几个城市上演,导致斯大林第二次发动对苏联最优秀音乐家的清洗。"

以史为鉴,其言不假。

《永恒的日记:每一天的音乐》

诺曼·莱布雷希特著,盛韵等译,生活·读书·新知三联书店,2009年8月版。

"音乐明星"会怎样影响你

书评人可以歇歇了

如果你不听波诺（Bono）的歌，只能证明两件事：要么你太落伍了，连波诺都不知道；要么你太新潮，新潮到连波诺的歌都已经不屑一听了。无论如何，聪明的读者从鄙人的话中都能听出，鄙人的意思无非是说波诺的歌你不能不听。非但他的歌你不能不听，就连这本《波诺谈波诺》你都非看不可。

波诺从来都不是一位普通的艺术家。还记得2005年他和比尔·盖茨夫妇一起登上《时代》杂志封面成为年度人物吗？"因为他们极其精明地行善，重新描绘了政治的图景，激活了正义。是他们使得慈善行为更加灵活，使人们的美好愿望有了战略的规划，使我们有可能跟随其后。"《时代》杂志如是说。

14岁丧母的波诺和父亲的关系极其紧张。但正因此,也造就了他叛逆不羁的性格,可谓因祸得福。波诺好学,手不释卷,U2几乎所有歌曲的歌词都出自他手。在这本书中,他谈叶芝、谈安迪·沃霍尔、谈约翰·克里斯、谈奥本海默……全都信手拈来、如鱼得水。他和妻子艾丽一直相濡以沫。记者问他二人关系何以能维持不破碎。波诺的回答干脆而有力:友谊高于爱情。当波诺和妻子游历非洲的时候,一个非洲土著跟波诺说了令他终身难忘的话。那位非洲土著抱着刚出生的婴儿对波诺说:"请你带这个孩子回去,你若不带他走,他只有饿死。"在这次经历后,波诺怒发冲冠,他决心投身到造福非洲人民的事业中去。在综合考量了造成非洲贫穷落后的原因之后,波诺发现,对发达国家的高额负债是导致非洲长期无法发展的重要原因。比方说,美国援助非洲国家五美元,但根据经济条款,非洲国家必须购买高价的美国商品,这样一来,有四美元最终又流回美国。于是,波诺发起并领导了"世界减债运动"。几年来,波诺马不停蹄,四方游说,终于说服美、英、法等发达国家减免三分之一的非洲国家的债务,合计一千多亿美元。这样一位艺术家,即便"伟大"这样的词尚且不足以充分形容。可是波诺却说:"如果你知道什么是伟大,你就知道你不是它。"

波诺常常造访政要。他是布莱尔(英国前首相)、布朗(现任英国首相)、布什(美国前总统)、普京(俄罗斯前总统)等人的座上宾,经常需要向这些"最高领导人"发表政见。记者问他:"你紧张吗?"波诺说:"我去见这些国家元首的时候从不紧张。我觉得他们才是应该紧张的人,因为他们得为他们作的决定而负责,他们的决定会影响到许多人的生活。"其实何止波诺,美国好些大明星都是极其关注政治的。奥巴马上台后,乔治·克鲁尼和布拉德·皮特不也到白宫找他谈话吗?这一点和华人世界的情况天壤之别。台湾好一些,台湾有罗大佑。但是香港和中国内地,娱乐圈好像是一个独立的,和任何其他领域没有交集的小圈子。我常常想,或许我们也自惭形秽罢,没有把英文的 artist 译成"艺术家",而是译成"艺人",自认其小。我真羡慕美国,美国有波诺,虽然他来自爱尔兰。

我最早倾心波诺,是发现他身上有一种与东方人相似的气质。大学时翻译"和平歌曲",译到波诺的"We are one, but not the same",当时我就震惊了!这句话与中国儒家"和而不同"的思想简直不谋而合。事实上,波诺确实来过中国,对中华文化(注意,不是中国文化)十分喜欢。他对东方的各种文明,包括印度的史诗等等都非常熟悉。这也是为什么东方人在听波诺音乐的过程中,多少会有一点共鸣的原因。

我真心推荐大家读读这本书。就像鲍勃·迪伦对波诺的评语一样:"和波诺在一起就像在火车上吃晚饭——感觉你总是在动,要到哪里去一样。波诺有一种古代诗人的情怀,和他在一起你得小心点,他会吼叫到地动山摇。"看这本书也有同样的感受。

《波诺谈波诺》

波诺、米奇卡·阿萨亚斯著,徐振锋译,江苏人民出版社,2009年7月版。

中国人离现代艺术有多远

前几天又让朋友看了约翰·凯奇(John Cage)的传世名作《4′33″》。凯奇一个人坐在钢琴前面,时而看表,时而翻乐谱,坐满4′33″的时候,转身扬长而去。"听众"席里传来雷鸣般的掌声;而我的朋友,一如其他朋友一样,冷冷地说了一句"神经病",也便扬长而去。我已太习惯大家的这种反应了,大多数人还是不能理解(或说试图理解)凯奇这样的现代主义艺术家,也搞不懂所谓"现代艺术"究竟是个什么玩意儿。

中国人实在不太懂得如何欣赏"现代艺术"。大家看不懂达利的《记忆的永恒》、看不懂杜尚的《泉》、看不懂安迪·沃霍尔的《金色的玛丽莲·梦露》、看不懂蔡国强的《万里长城延长一万米》……

所谓"看得懂"和"看不懂",指能不能在艺术品中看出一种美感,得到一种美的享受。这也并不奇怪。因为中国文化是"现世的",讲究实用功能的。孔子论音乐之功能的时候,不也说:"礼云礼云,玉帛云乎哉?乐云乐云,钟鼓云乎哉?"他是强调音乐的政治教化功能,而视音乐的形式为无物,翻译成今天的流行话叫"形式神马的都是浮云"。在这种艺术思想的影响下,中国人的审美,大多也是从艺术的"实用性"出发的。一幅画画得像不像,一首歌能不能催人泪下,一篇文章的"中心思想"是什么等等,正体现了这种"精神"。所以,我们目之所及,时下为什么流行音乐会这么受人追捧。因为流行音乐恰恰是最浅白、最直接地把"中心思想"告诉听众的一种音乐。它有固定的创作技巧和心理模式,听众只要循着或悲伤或欢快的主旨对号入座即可。另一个最好的例子,是现在照相技术的普及,"全民单反时代"即将来临。照相这种艺术形式,按照苏珊·桑塔格的说法,便是最最"写实"的一种。"咔嚓"一声按下快门,眼前的世界便倒影在照片上。相比之绘画,照片自然更便于"理解",它是纯粹的"现实主义",一点也不"现代",正正吻合了中国人的审美观。

那么说了半天,究竟什么是"现代主义"呢?艺术家艾未未在新书《此时此地》开篇第一文《这漫长的路》中,便解答了这一问题。他说:"现代主义是对传统人文思想的质疑和对生存处境的批判性思考。"也就是说,现代主义是建立在"怀疑"的基础上的,要理解现代主义,首先必须学会开始"不相信"。

可"不相信"又是什么意思?我觉得一个最基本的理解,是对一切已有的存在发问。好比你家的门,为什么装在这里?为什么朝向这一面?为什么是前后开门而不是左右开门?谁规定它要在这里的？我可不可以有自己的主张，将它挪走？有了这种最基本的"不相信"，然后才可能产生对其"合理性"的质疑；在产生了对其"合理性"的质疑之后，才有可能试着去改变它。于是这种行为，就或许可以变得很"艺术"——所有人家的门都是前后或左右开门的，但是你家的门却被你改装之后，变成上下开门的了。同样，也必须是有了这种"不相信"之训练的人，才懂得欣赏现代艺术。

或许在西方人看来，艾未未的种种艺术，譬如《失手》、《童话》，以及最近一次拍卖葵花籽的行为，都未必那么"先锋"和"难以理解"。因为现代主义在西方，从诞生之日到现在，已逾百年，早得普及，有很好的群众基础，甚至早已进入"后现代"的境界。而在中国，现代艺术这几年似乎才渐渐进入人们的视线。也多亏了艾未未、蔡国强这样的艺术家，拿出"人不知而不愠"的君子之气，坚持下来，才取得一点点的成绩。你要问：这些现代主义艺术家到底想要传达给大家一些什么呢？艾未未在接受吴虹飞的采访时说："我几乎没有要传达的。如果说要传达的话，那就是说这个事情是可能的。在更多的情况下，我自己很迷惑，愿意通过一个行为，或者是事件，去经验一种可能性，经验和生活是不能分开的。"

不过话说回来，中国这些年来已经越来越像一个"现代艺术工厂"了，虽然大家还不太懂得欣赏现代艺术，但是每天都必须亲身经历不少"艺术实践"。何止是"现代"，有时候简直是"后现代"的！例如2010年10月，广州市政府为了迎接亚运会，向市民送出"大礼包"：乘坐公交、地铁和过河渡轮一律免费。新政一出，全体广州市民倾巢出动，原先不需要乘公交的人，都要去体验一下（有的是想试试看是不是真的）。结果连续数日，公交车、地铁站里人潮涌动、水泄不通，公共交通几近瘫痪。假如鸟瞰下去，简直如同"波普艺术"一般。朝令夕改,五天后,有人识相地取消了这一"便民政策"——"五日维新"的闹剧落下帷幕。

所以有时候,我真是弄不清,中国人离现代艺术究竟是远,还是近?

《此时此地》

艾未未著,广西师范大学出版社,2010年9月版。

你这该死的温柔

我对音乐还是怀着一份"傲慢与偏见",虽然我是不太懂这回事。我始终觉得,只有少数的、精英的、没什么人听得懂的音乐,才叫真正的音乐。而那些普罗的流行音乐,实在很难入耳,很难让我高兴起来。这与我自己会不会玩音乐无关。道理正如球迷不需要会踢球,也能分辨德国、西班牙是好球队,而中国不是,一样的。

我这个"文字控"只能从文字中读出音乐好不好听,值不值得听。所以,我似乎蛮信赖乐评,信赖好的写手的描述。读完兴冲冲地去找音乐来听,看我的感受是否与描述者有某种契合。有,固然可喜,如得知音;无,亦不伤感,毕竟在这世上我多听了一段美妙的旋律。而这,也是我读田艺苗《温柔的战曲》之后所做的事。

起初,是书名吸引了我。《温柔的战曲》,她想说些什么呢? 于是我翻开书寻找答案。原来她在说肖邦,那个身体孱弱,离乡背井,曾与乔治·桑沐浴温柔乡,却以音乐为武器,为他的祖国呐喊的男人。肖邦在1840年大病一场,病愈后竟写出了最具男人味的作品《英雄波罗奈兹》。田艺苗的解释是:"人在脆弱时候,会更渴望一个英勇的灵魂。"谁说不是。在病痛面前,死神将至,人会将死亡参透,因此变得毫无畏惧。

我猜想,若见到肖邦先生真人,大抵会觉得他是个手无缚鸡之力的艺术家吧?他与乔治·桑在一起时,不是还写了柔情似水的《小狗圆舞曲》吗?但诚如田艺苗说:"有多勇敢,就会有多温柔。"你别看有的人表面上羞涩,其实内心却执著;也别看有的人表面上谦卑,其实内心却无畏。一个真的斗士,往往就是这样的。那些只知道猖猖狂吠之徒,其实是按捺不住内心的恐惧,才收敛了温柔的一面。是故,温柔的人有福了,因为田艺苗和她的书,所有人都看到了你的勇敢。

我不禁想问音乐究竟能为我们做点什么。田艺苗如是说:"如果音乐真的能够教化众生,那它也会反过来重新教会我们感情。"假如音乐真能帮助我们寻找内心的能量,来抵抗这个纷扰、焦虑的世界,那也算是做了一件好事。我只是怀疑,在这个埋没大师、抹杀天才的年代,还有多少优秀的音乐作品能够问世,能够流入市场进入听众的耳朵,更别说激荡听众的心灵了。

我觉得田艺苗在书中时而也流露出一种对自己职业(她是上海音乐学院作曲系老师)的自嘲。她引用贾克·阿达利在《噪音》一书中说的话:"音乐就是将噪音加以调弄,发展其能为世人所容忍、吸收、喜爱的政治经济力量范围,借此操控文化,掌握社会上的暴力与希望,巩固或创造整个社群。"更在《乐评有什么用》中问:"一个乐评人能为这个时代的音乐事业做些什么呢?"我真的不知道答案,我只在她写莫扎特的文字中读出一丝淡淡的忧伤:"当天使回归天堂,留下的人,只好做了大地上孤独的兽,在旅途的终点,不安地等待黄昏来临。"有可能,我们这些"被抛弃者"只能守着最后一缕光,静候黑暗的到来。

我与田艺苗素未谋面,只有互转微博的交情。但通过她的文字,我猜,她应该是个温柔而勇敢的人。

《温柔的战曲》

田艺苗著,上海书店出版社,2010年7月版。

我们最需要启蒙主义

——兼说文学家的使命问题

忽然想起萨特的话:小孩都快饿死了,文学还有什么意义呢?

我必须承认,文论与日俱新,我们的文论已经非常超前,特别是 20 世纪以来,派别林立,大师辈出——埃亨鲍姆和俄国形式主义、艾略特和新批评派、弗洛伊德和精神分析学、萨特和存在主义、列维-施特劳斯和结构主义、德里达和解构主义、斯皮瓦克和女性主义……再加之前缀为"新"和"后"的子子孙孙,简直多得可怕。如果"百科全书式"的亚里士多德活到今天,他老人家能不能搞清楚这所有的文论,再写出一本《诗学》来?我看没准儿。但是社会的进度往往是与理论的进度严重脱节的,最先进的理论不一定是社会最需要的。因为社会的大多数和理论家比起来是"不智慧"的,跟不上节拍的。理论家在浪尖弄潮,离不开一群优秀的"务实主义"者在后面做普及。那么,具体到今天的中国,我们的社会最需要的是什么理论呢?以我浅薄的观点来看,还是欧洲两三百年前的启蒙主义。

有人说,中国近代以来经历了两次启蒙运动(the Enlightenment movement),一次是五四时代,一次是八十年代。我觉得,凡是这样说的人不是把中国的近代史看得过于太乐观了,就是把"启蒙"一词看得太小了。因为"启蒙"完全不只是将知识传播出去这么简单(有的人根据启蒙哲学家写的《百科全书》就这样臆断),这个意义的"启蒙"只是中国古代的"蒙学",是很初级的。

那么,什么是"启蒙"呢?很难下一个准确的定义,因为"启蒙"一词本身就意味着多样,是对人类的多方面的启迪。然而就其最本质的精神来说,启蒙就意味着相信人类天性中有理智的种子,只要用"启蒙"的方法就能让这粒种子发芽开花并最终结出丰硕的果实。"启蒙运动就是人类脱离自己所加之于自己的不成熟状态。不成熟状态就是不经别人的引导,就对运用自己的理智无能为力。"(康德)然而,就是基于这种把"无能为力"先入为主的假定,历史上出现了无数以"指路人"自居的人物,他们扮演"老大哥"、扮演"伟大领袖"、扮演"主体思想",只有他们是被"启蒙"了的,而大多数尚未被"启蒙"的民众则只有一味盲从的份。所以,发展到后来,启蒙主义的弊端酿成了严重的后果。

新的问题出来了,什么是启蒙主义的弊端?一言以蔽之,就是"启蒙的讹诈"(the blackmail of Enlightenment)。美国哲学家罗蒂(Rorty)说,启蒙的计划有两个:政治计划和哲学计划。"(政治计划)旨在创造人间天堂:一个没有等级、阶级或残忍的世界。(哲学计划)旨在找到一个新的、全面的世界观,以自然和理性(nature and reason)取代上帝。"启蒙主义打着这样的旗号,殊不知这种对理智的绝对肯定变成另一种专制。霍克海默将理性区分为两种层面,一为"人文理性",是以创建人类精神家园为目的的理性;一为"工具理性",是以度量、规划世界为目的的理性。人文理性是无比美好的东西,可以貌似武断地说:越多越好。可是,工具理性的滥用产生的后果却是极为可怕的,它有可能酿成权威意识式的"绝对真理"。因为物质世界(自然)是五彩缤纷的,有的是人类姑且(或者永远)无法了解的,理智在物质世界面前显得幼稚,它不能解释一切。"工具理智"这一点其实和启蒙主义的实质是背道而驰的,因为启蒙的目的是要教会人们"敢于去认识!要有勇气运用你自己的理智!"(康德);而权威意识恰恰阻止人们思考,迫使人们无条件地接受。最早提出这一担心的或许是黑格尔。他说:"理性一旦工具化,就可能为任何掌握权力的人所用,也可能成为断头台那样的机械。"最终果不其然,法国大革命一爆发,每个人都在理智这个"伪善"的面具的遮掩下把政敌送上断头台;更不用说纳粹时期的希特勒,他的"工具理智"把德国人本身魔化成了"断头台"。所以最终启蒙主义破产了,因为它太容易被利用了。启蒙主义后来走上了邪路,直到后人反思时,才发现了这一点。福柯乃说:"不屈服于'启蒙的讹诈',才能继承启蒙。"亡羊补牢,犹未晚也。

究其根源,启蒙主义一开始就站错了位置,它把理论的基础放在牛顿等建立起来的科学上,从那里又发展出机械理论,最终过犹不及,当启蒙思想泛滥、"爆棚"以后,它酿成的是人类理性不可一世的弥天大祸。一切都是可以被"科学化",无论是自然还是人本身，建立在这种信念上，启蒙哲学家相信"人的思想生来是一张白纸"（洛克），于是对自然和人性横加改造，到头来却发现真相并不如我们所想象的那样简单、机械。尼采于是思考道："人类要站起来而伟大，首先要老老实实承认人在自然界面前很小很小，小到微不足道。"试想，倘若启蒙主义一开始不是从牛顿出发，而是从蒙田出发，或许就会更温和，更具人文理性了吧？

启蒙主义文学家往往不仅是文学家，有的身兼哲学家，如伏尔泰；有的身兼艺术家，如卢梭；有的身兼政治家，如斯威夫特……这是必然的，因为理性驱使启蒙主义者相信："美德、天才、精神、才能、鉴赏力都源于良知即理性。何谓美德？就是付诸实践的理性。何谓才能？就是理性的辉煌显现。何谓精神？就是理性的完美表现。鉴赏力纯属精美的良知，天才则是崇高的理性。"（谢尼埃）所以这些人几乎是不可思议的一群，以他们的广博、天才、理想著称。"天才是最崇高的理性。"（布奥）也就是说，人生来都有天才，关键的问题是如何启发。天才不是区别等级的标准，那些看似有某种天才的人，在成长的过程中"有意无意"地把天才开发了出来，这些人不应该傲慢，相反，应该怀着一种深深的感恩；这些人也不应该自负，相反，应该带有一种深深的同情。启蒙主义试图把"无意"的状态去掉，使每一个人都"有意"地去开发自己的天才。启蒙主义的文学传达给我们的正是这样一种精神，比如笛福的《鲁滨逊漂流记》，里面所描写的人类从受自然支配到回归自然的过程，不就是一个从蒙昧到启蒙到理智的过程吗？

不幸的是，我们经历过狂热的"乌托邦"年代，有一代人曾经失去理智地癫狂过，他们现在却正是我们社会的中坚力量。假如我们细细体味，就能无时无刻不体察到一股疯狂的暗流在社会中潜伏——这是很危险的。更可怕的是，即便作为新生一代，我们身上的理智也并不比长辈富裕多少。所以我才敢断言，我们今天的社会最需要的就是启蒙主义，需要的是出现像《忏悔录》，像《少年维特之烦恼》这样有伟大思想的作品，去启迪人们的理智。或许我才疏学浅，不知道这样的作品早已经有了；但是，如果早已经有了这样的作品，为什么没有普及出去呢？我是"实用主义"的，总觉得作品如果没人读，就等于作品不存在一样，最重要的是被人看到。从某种层面说，文学作品的形式并不重要，只要受欢迎就是好的，因为文学的任务就是"用迷人的艺术伪装，把那些最枯燥、最苦涩的真理灌输给人心，使它不得不表示赞同"。（贝雷廷格）当代文学家最该做的，就是用手中的笔去唤醒民众的理智——人文理智，只有每一个个体都具备了理智，整个民族才不会重蹈过于狂热的覆辙。

我的脸上常带笑容，可是我的心总不能放松，每当我看到主席台上有人发话而下面的民众表现出可怕的集体无意识时，我就不能放松，觉得搞文学的使命实在重大。文学家不应该只是理论家，文学家不应该消沉，文学家是不能退休、封笔的，文学家应该死在书桌前——手里依旧握着笔，文学家不能在年轻时是个激进派而老了就变成一个保守派。"永远保持热情，决不让你的观众或听众感到厌倦。"（杜博）吸引读者不断读、读、读，在不知不觉中受到启蒙接受真理，这才是今天文学家的使命！

《启蒙哲学》

E. 卡西尔著，顾伟铭等译，山东人民出版社，2007 年 4 月版。

成为一个"坏人"有多难

2010年11月,在香港,看了由奥斯卡影帝阿德里安·布罗迪和福里斯特·惠特克主演的电影《死亡实验》(港译:《实验囚室》)。

电影讲述26名心理实验的参与者,被分为狱卒和囚犯两组,模拟两周的监狱生活,实验结束后即可得到一笔丰厚的报酬。起初,大家都知道这是一个实验,相约安然度过两周,各自领钱回家。可是没有想到,从第二天开始,几乎所有人都陷入自己所扮演的角色不能自拔,并且愈演愈烈——狱卒越来越专横跋扈,捉弄囚犯,镇压暴动;囚犯起初服从管制,随后越来越不满狱卒的做法,以致酿成流血事件。最终,这个实验不得不在第六天就匆忙结束,因为局势已经完全失去控制。

在看电影的过程中，我听见身后不停有人发出笑声，并窃窃私语道："这个编剧也太傻了，哪有人会这么蠢，把实验当真的?"我心想："朋友，看来你是不知道，这部电影并非完全虚构，它是基于一个真实的实验改编的。这个实验，被称作'20世纪最有争议的实验'，连实验的主持者自己，都对这个实验心有余悸，以致在实验结束后30多年，才有勇气将实验的整个过程写出来，出版了一本书，名叫《路西法效应》。"

这位实验的主持者，即是大名鼎鼎的，曾任美国心理学会主席的，斯坦福大学心理学系荣退教授菲利普·津巴多博士，他也因于1971年主持的"斯坦福监狱实验"成为全世界瞩目的焦点人物，一举成名。

消除"好人"与"坏人"的二元对立

津巴多教授主持这场实验的初衷，关注点是放在囚犯身上。他想弄清楚，一个人在囚禁的环境下，究竟承受多少压力会导致其精神崩溃，这有助于美国政府制定更加人性化的监狱政策。所以，一开始他还精心设计了请真正的警察去逮捕实验对象的安排。而实验对象，均是斯坦福大学的普通学生，保证其完全没有接触过监狱环境。

不过，在实验进行的过程中，津巴多教授的注意力渐渐被迫转移到狱卒身上去。因为他发现，本来也是普通学生的狱卒，竟然会在不知不觉的情况下，演变成横行霸道的暴君！他们强迫囚犯做各种稀奇古怪的事情，比如用唱歌的方式报数；想尽办法羞辱囚犯，比如用舌头清洗厕所；只要有不服从的囚犯，他们便用手中的武器"制服"他们——要知道，在实验开始之前，他们可都是手无缚鸡之力的白面书生啊!

  我之所以在上文中将"制服"二字特别标出,是因为书中的一段文字引起我的兴趣。这段文字,是津巴多教授当时的女友(后来的太太)克里斯蒂娜记录的——

>   我和其中一个等待值班的狱卒谈话,他非常亲切又有礼貌,怎么看都是个大家公认的"超级好人"。后来有一名研究工作人员认为我应该再看一下大厅,因为新的大夜班狱卒要来了,而且是恶名昭彰的"约翰·韦恩"。(作者按:狱卒里最残暴的家伙)……当我就地观察情况时,我非常非常震惊——他就是刚刚和我聊天的那个"超级大好人"。才不过几分钟,他就好像从头到脚换了个人,不但走路的姿态不同,讲话也完全不同——带着南方腔调……他正在大喊叫骂犯人,命令他们"报数",所有不在他规矩里行事的,都被视为对他的无礼和挑衅。……在他军事风格的制服之下,手中握着警棍,乌黑且银光反射的太阳镜遮住他的双眼……这家伙俨然是凶狠、严肃、出色的全职监狱狱卒。(页198至199)

  文化学者朱大可曾经有过论述,指出"制服"二字,既可作名词——特定的标明身份的服装;又可作动词——使某人服膺某人或某事或某种规则;而在文化上,将两层意思结合,更有其深意,即,用一种特定的服装,使人臣服于某种文化。他举例1949年以后的"中山装"说:"在中山装的全盛时期,这种服装竟然成为全中国民众的单一制服。数亿人的思想、趣味和生活方式,被统一成毫无个性的反面乌托邦。"(见朱大可:《反思中山装的精神创伤比"申

遗"更有意义》)

假如我们把身上所穿的"制服"理解为一种"环境"的话，就会发现，原来一个人的或"善"或"恶"，其实都是被这套"制服"所"制服"的。而这，也是津巴多教授最终得出的结论——"好人"和"坏人"并非二元对立的两个概念，一个人是"好人"还是"坏人"，基本上是由环境决定的。因此，今后千万不可以再用简单粗暴的论断，判决一个人是"好人"或者是"坏人"。实际上，我们当中的大多数，都是在这两端游走的。

但是，"好坏二元对立"是人类惯常的一种思维模式。为什么会有这样的下意识判定？因为人类毕竟是社会动物，一般采取群居的生活方式。社会动物，总爱被人喜欢、被人尊敬，害怕被人孤立。当你越怕被孤立的时候，就越希望有一套"游戏规则"来证明你和其他人并无分别。所以，就有了孔子所说的"乡愿"。乡愿即是汉娜·阿伦特笔下的"邪恶的平庸"，他们姑息"行为不良、犯罪、破坏公物、嘲弄、欺弱、强暴、酷刑、恐怖行动，以及暴力"，尽量避免与人发生正面冲突，积极投身到"大流"中。对于"异己"，"好人"可以团结起来，排斥之、冷落之、放逐之、封杀之、囚禁之、杀害之。于是，便有了纳粹种族清洗，有了红色高棉，有了卢旺达大屠杀……

怎样避免成为"坏人"

权力是最好的春药。我始终相信"人性本恶"，给任何人权力，如果不加以约束，都会泛滥。就像在实验中，津巴多教授得出的教训所说："崇拜权力，厌恶弱势，支配控制，从不妥协，落井下石，先下手为强。这些黄金准则是给他们（狱卒）的，而不是给我们（囚犯）的。权威就是规定，规定就是权威。"（页169）

津巴多教授虽然亲身经历并目睹了如此残酷的事实,但是在书的最后一章,仍不免要心怀对人性光辉的期盼。在他看来,避免成为"坏人"是有法可循的,他在《抗拒有害影响的十步骤》一节中给出了十种供读者参考的方法。其中第四种,我觉得对于中国读者来说或许尤为重要,因此愿多花些笔墨谈一谈。第四条叫做"我会坚持自己的独特性"。其内涵是——

> 不要允许其他人将你去个性化,不要让他们把你放入某个分类、某个盒子、某个自动贩卖机里,不要让他们把你变成一个客体、一样东西。请坚持你的个体性;礼貌地告诉他们你的名字和凭证,大声清楚地让他们知道你。请坚持让别人也这么做。(页505)

在经历过数十年严重的去个性化的悲惨遭遇之后,我们的国民愈发缺少个性。所以,目下我们可以看见越来越多新的"分类法"出现在媒体当中,例如"蚁族"、"月光族"、"御宅族"、"上班族"等等。这些名词的出现,都是我们对个体身份认同缺失而产生恐惧的一种表征,我们没有自信作为一个个体生存在社会当中,必须归类到(或被归类到)某个族群里,才能心安理得。而这种归属于某个族群的行为,又十分容易对另一个族群产生对立。譬如"上班族"看不起"御宅族",觉得他们游手好闲;"穷二代"仇视"富二代",恨不得发动一次"革命"达到"均贫富"的社会状态。中国社会,处于一种随时都可能"短兵相接"的危险境地。如何树立起中国人个体的自信,使中国人真正地"站起来",就目前的环境看,或许比实现"大国之梦"更为重要。

文章写到这里,其实基本上可以收尾了。因为我才疏学浅,实在也给不出怎样树立中国人个体自信的建议、方法或途径。我只想强调一点,每个人心存善念,总是没有错的。将近二十年前,李敖写了小说《北京法源寺》。在小说里,他借"康有为"之口,说了这样一段话:"存心善,才算善,哪怕是转出恶果,仍旧无损于他的善行;相反的,存心恶,便算恶,尽管转出善果,仍旧不能不说是伪善;进一步说,不但存心恶如此,就便是存心不恶,但并没存心为善,转出善果,也不能说是善行;更进一步说,存心不善不恶,但若有心为善,转出的恶果,也是不值得称道的,这就是俗话所说的'有心为善,虽善不赏;无心为恶,虽恶不罚。'"我们读完《路西法效应》,何妨花一点时间,看看我们离"善"有多远,离"恶"又有多近?

《路西法效应》
　　菲利普·津巴多著,孙佩妏等译,生活·读书·新知三联书店,2010年3月版。

"读"害不浅

阅读的至乐

「读」害不浅

"世界读书日"刚过。振奋人心啊！据说每天全世界出版的图书有4000种之多。可是现实是多么吊诡，真正会捧起书来读的人却日渐减少。于是我们不得不接受这样一个事实：书籍正慢慢沦为一种纯粹的"商品"。就好像关公像一样，每家商店都请一尊回去。人们真的敬慕关羽吗？当然不是，只是把他当成一种摆设妆点门面罢了。不读书的人数远远超过读书的人数，要向他们"解释读书的意义是非常困难的，而且还会遭遇振振有词的反驳。如果你说读书让人心胸开阔，让人领略各种不同的人生，不读书的人则会回答说看电影和电视也能得到同样的收获。"

那么，我们究竟为什么还要阅读？《阅读的至乐》的作者约翰

・凯里给出了这样一个答案:"读书的特别之处在于,书籍这种媒介与电影和电视媒介相比,具有不完美的缺陷。"一个风景,用图像展示出来,直接进入人的眼帘,人们便知道它的全貌。可是如果用文字来描述这个风景,这些白色纸上的黑色符号像"密码"一样,需要读者的"破解"才能被"翻译"成脑海中的画面。所以,每个人心中的哈姆雷特才会不一样。这种"破解"是一种能力,"如果阅读消亡的话,这种能力就会消亡——其后果不堪设想"。"不堪设想"绝对不是危言耸听。因为电视、电影给人带来的虽然是完全放松的休息(很舒服),但这个时候人脑只是被动地接受信息,并不需要输出什么,久而久之……唉!难怪说电视看多了人会傻掉。

凯里在英国,是以平民主义的反精英言论著称的。他同时也反对这样一种观点:读书专属于精英阶层。其实读书并不算是一件很特殊的事情,它应该和吃饭、睡觉一样成为每个人日常生活的一部分。现在有越来越多的公共图书馆免费开放,人们不用花钱也可以读书,可是总有一些人会对书籍望而却步。"有些自诩为读书人的人,实际上搞了许多破坏。他们在公众的脑海中把阅读与卖弄炫耀、附庸风雅联系在一起,吓跑了那些可能成为读者的人。"没错,阅读是可以"提升自我"、"摆脱平庸",但是一个人在"摆脱平庸"之后,是不可以反过来嘲笑仍旧"平庸"的人的。如果阅读的结果是硬生生地划分出了两种阶级,其中一个可以嘲讽另外一个,那读书真是可怕的事情了。所以,凯里讨厌那种号称"伟大的书"(不知道凯里是不是意指大卫·邓比的《伟大的书》?)一类的书单。"这些令人生畏的清单是列给谁看的?当然不是给人类看的。它们倒更像是发给上帝的期末汇报,好让他老人家看看他的人间子民们是多么具有文化修养。"

凯里在本书中推荐的 50 本书,就是要矫正这一切。这些书的入选,不是因为它们体现了多么"伟大"的人类精神,而只是因为它们能给人们带来愉悦——当然首先是给凯里自己带来愉悦。因此,代表乔伊斯进入这份书单的不是他的《尤利西斯》,而是《一个青年艺术家的画像》;代表阿道司·赫胥黎进入这份书单的也不是他的《美妙的新世界》,而是《那些不结果实的叶子》。凯里最怕出现的场景,是 H. G. 威尔斯小说《昏睡百年》中那个书籍消失了的世界。在这个有无数种娱乐方式可供我们选择的时代里,在这个书籍渐渐远离我们生活的时代里,究竟是阅读拯救我们,还是我们拯救阅读?真是个有趣的问题……

《阅读的至乐:20 世纪最令人快乐的书》

约翰·凯里著,骆守怡译,译林出版社,2009 年 3 月版。

宝爷这样一个读书人

宝爷太牛了!他练的是金钟罩铁布衫,所以毛尖老师说:"他蛮海派的,那种好的海派——灵活,幽默。说话很逗,喜欢装光棍的样子,怎么调侃他,他都无所谓,你找不到他的死穴在哪里。"那日我与他同席而坐,开口便朗诵起他在《一生只为这一天》"先说几句"里的话:"我的专栏文章第一次出书的时候,登过我文章的那几份报刊不是关张就是换老板,令我非常兴奋。"我转而问他:"您觉得这是您的功劳?"他笑眯眯的,不说话,憨态可掬。

有的人把宝爷当成了"学者",觉得他是沪上"文豪",可以垂名文史——这可太小看他了!他说:"中国的文化理想是做贤人、圣人、完人……其实比贤人、圣人、完人更有吸引力的是闲人、剩人、玩人。"宝爷就崇拜闲人,被他誉为"第一闲人"的是袁世凯的二公子袁寒云。袁氏有名诗曰:"绝怜高处多风雨,莫到琼楼最上层。"诗句一出,洛阳纸贵,当年即被誉为"历史上有位置的一首诗"。可是人家和袁氏谈到此诗时,袁氏却说:"不错,当时有过那样一首诗,可惜我不留底稿,又是健忘,如今竟想不出说些什么话了。"写罢以上文字,宝爷不无歆羡嫉妒垂涎地说道:"闲人心思剩人风度玩人境界从不理会'历史上有没有位置'一类鸟事。"我猜想,宝爷的奋斗,也是朝着闲人剩人玩人去的吧?

那么,究竟该怎么定位宝爷呢?我觉得说到底,他还是一个读书人。你看《老而不死是为贼》里洋洋二十三万字的书话,全是宝爷遍览群书积数年之功写下的。只不过,一般读书人写的书话,往往太过书生酸气,哪有我们宝爷那么潇洒恣意、妙趣横生、收放自如的?毛尖老师的评语如果不错,宝爷的确是喜欢在你冷不防的时候幽你一默。譬如,他写加拿大人扬·马特尔的《少年 Pi 的奇幻漂流》,前面给你详细介绍主人公 Pi 的经历,认真分析 Pi 的人物性格,专心讲解 Pi 的精神内涵,在文末,却来了这么一句:"Pi 不读'屁',读'派',就是圆周率 π,一个最真实最神秘的数字。"郭德纲最爱用以评论人的一句话叫"没六儿",天津话,意为没规矩、没正形。我觉得用这三个字来形容宝爷,恰如其分。"没六儿"的人并非下流庸俗,只是他们喜欢用开玩笑的方式去表达严肃的主题。

我举一篇宝爷最认真的文章:《有一种成功叫读书》。宝爷说,某次他和某大官吃饭。大官说:他此生最后一个愿望,就是退休后开一个小书店,好好读点书。真奇怪,好好读书何必要等到退休以后?宝爷认为,起码在专心读书这点上,读书人是成功的。他说:"和这些大官老板相比,读书人有理由骄傲。读书人从来不会说,我退休以后,准备弄个部长市长当当;或者说,我把家里的书读完了,就去圈地开发楼盘,再收购几家公司包装上市。那些通常意义上的成功人士一直惦记着读书,而读书人不会去惦记官人和买卖人的成功,所以说,读书人比成功人士更成功;读书就是成功。"读书不会给你带来快乐,没有黄金屋、没有颜如玉、没有千钟粟,它只能给你带来内心的平静,而"俗人能够得到的长久幸福只有平静"。我以为,宝爷是一个乐观的读书人,可爱、淡定、不悲情、不苦闷、不穷酸。

想起一则故事,大概可以说明什么样是一个乐观的人——某犯人被国王判死刑,他在最后一刻对国王说:"陛下,您这么爱您的马,如果给我一年时间,我可以让它飞起来,您就放了我,好吗?"国王想了想,同意了这笔交易。后来犯人的朋友去看他,问:"你真的能让国王的马飞起来吗?"答:"不能。"又问:"那你为什么要和国王换这一年?"犯人说:"你不懂,这一年对我来说太有意义了,因为可能出现三种情况,使我不死于国王之手:第一,国王死了,大赦天下,我不用死了;第二,我自己生病死了,不用被处死;第三,最重要的一点,谁知道那匹马不会自己无缘无故飞起来呢?那我就自由啦!"

宝爷总是乐呵呵的,我猜大抵他心里也相信,有一天国王的马会自己飞起来。

《老而不死是为贼》《一生只为这一天》

小宝著,广西师范大学出版社,2010年11月1版。

《单向街》让我看到了曙光

《单向街》让我看到了曙光

时至如今,我还经常想起傅国涌先生跟我说过的话。他说,90年代,"三本杂志构成了中国思想文化的一个链条,第一本是《东方》,第二本是《方法》,第三本是《书屋》。"由于岁数的原因,我注定是要与这三本杂志无缘的。当我开始学会独立思考,时间已经来到 21 世纪,尽管我努力想与 20 世纪末建立某种衔接,并不断追问"什么是代表这个时代的思想",但其间的桥梁和展示的平台总是无法构筑。这是一个阅读前所未有的分散化的时代,没有一份杂志有力量凝聚所有读者。读者也变得不关心他人,阅读的唯一目的只是为了排解无聊。在这种时候,谁若是想"发动思潮"或挑起"文化论战",无异于对牛弹琴、自讨没趣。识时务的,不如写写小说、随笔,弄点小资情调聊以自慰。

可是历史就是这样,决不容许任何一个时代里的所有人都昏昏欲睡。受尽苦难的以色列族人中,不也是诞生了摩西率领他们逃离埃及吗?当下的中国也一样,必会出现一群"先知"式的人物引导我们走出困局。我看到了曙光:由几位"中国公共知识分子的代表人物"(许倬云、陈芳明、许知远、梁文道……)聚首,推出了《单向街》杂志书,第一辑题名《最愚蠢的一代》,副标题为"互联网和物化,如何摧毁了一代人的头脑",真是振奋人心!

我们是不是正在变得越来越愚蠢?这是个听来让人觉得受辱的问题。两千多年前,当人们开始越来越普遍地运用文字来记录这个世界的时候,苏格拉底就发出过警告,他觉得"人们逐渐依赖书写下来的文字,取代此前存于脑中的知识,他们将会'停止记忆,变得容易遗忘'。"如果苏格拉底的警告有道理的话,那么,在互联网时代成长起来的我们这一代年轻人,我们的大脑还有多余的用途吗?我们现在已经几乎不需要往大脑里储存任何信息,凡事只要上网就全都有了。这也是 Nicholas Carr 在《Google 把我们变蠢?》一文中提出的担忧。我想起来,当 2007 年台湾地震后 MSN "瘫痪",许多都市白领也在那一瞬间"丧失"了工作能力,因为无法查阅信息。这种借助外力的生活方式,使我们无时无刻不处于"亚残疾"状态。

同样被我们借助的外力是"消费"。70—80 年代的年轻人排解心中的不满,借助的是文学、音乐,而如今,年轻人借助消费。"许多在中国的外国观察家有一个简单的推理:一个国家如果开始了市场经济,那么在这个市场经济条件下成长起来的年轻人,必然会成为民主运动的主力。"梁文道在《有梦想,但梦想什么》中如是说:"20世纪80年代出来的留学生和现在的完全不一样,以前的留学生刚出来没多久,就对中国政府有一大堆批评和怀疑。""20世纪80年代出生的人截然不同。对他们来讲,这是没有必要的。我为什么不满意?你刚刚出了iPhone我有钱我也买得到,什么外国产品我都有,有钱我买真货,没钱我们买假货。"梁文道的观察很敏锐,事实上,这确实是我们这一代人最简单的生活逻辑。你跟我谈什么争取民主?民主需要争取吗?不是与生俱来的吗?我在网络上可以发表言论,我甚至可以"人肉"搜索。我的"梦想"是拥有豪宅、跑车,过上更好的生活。我争取民主干吗呢?争取的结果,只能使生活更糟,我不要。作为香港人,梁文道说,内地人现在的状况其实和70－80年代经济猛涨时期的香港人差不多。但是我们不要忘记,香港在70－80年代是英国的殖民地,英国人希望香港人变成"顺民",用的就是这种手段。内地的情况可不一样。

  读了好多年书,也读了好多年杂志,对陈词滥调真有点厌烦了,这本《单向街》给我带来一点新的空气。《单向街》标榜"纪实、探索、批评"。我希望,在"纪实"上,《单向街》不要变成《读库》;在"探索"上,《单向街》不要变成《读品》;在"批评"上,《单向街》不要变成《读书》。《单向街》应该是另辟蹊径的,应该是独树一帜的,应该是"思想的、生活的、艺术的"。我也希望,在几十年以后,我们这一代人回忆起自己二三十岁的光阴时都会这样说:"我们都是从《单向街》上走过来的。"

这个书业会好吗?

等了足足半年,终于把这本《单向街002》盼来了,本期主题:"先锋已死?"

当我读过《单向街001》之后,就对这本书充满好感,体察得出躲在幕后的人很用心,在这个浮躁的社会里居然还能专注于关心一些并不能引起太多人兴趣的话题,真的很难得。但是这种做法分明是"不讨好"的。也难怪有读者在豆瓣网上留言:"看了《单向街001》,这本书拿起来就不太想看了。感觉与自己无关,对这些东西也没什么兴趣了。"因为《单向街》有点过于精英了,它不是适合所有人看的。

第一期最发人深省的是一篇名叫《Google 把我们变蠢?》的文章,这一期则是《图书帝国》,讲的是沈浩波和他的磨铁文化有限公司。

磨铁在书业大名鼎鼎,也毁誉参半。誉之者,大多歆羡沈浩波成功的商业模式——2009 年磨铁的图书码洋(图书定价×印数)超过 5 亿元人民币;毁之者,则认为沈浩波扰乱了书业的正常秩序,用恶意炒作的方式捧红了许多"烂书"。这几乎已经成为书业的"常识":好书不畅销,畅销没好书。现在一本畅销书,内容之好坏无人问津,看点在于炒作热度。假使街头巷尾人人都在谈论一本书,那么再"烂"的书也会畅销。

沈浩波是在一个"意外"中发现这条"铁律"的。2002 年,他出版了春树的小说《北京娃娃》(此书的原名叫《冰的世界》,为了配合当时火爆的《上海宝贝》而易名)。在成都的签售会前夜,春树买了一件红色的肚兜。沈浩波看了后说:"明天不如穿这个去现场吧。"

于是，第二天春树即以一件肚兜亮相签售会现场。年少、羞涩、白皙的造型顿时吸引了媒体的镜头，一下子炸开了锅。春树与《北京娃娃》之名不胫而走。2004年，春树登上美国《时代》杂志的封面。从此，沈浩波彻底"顿悟"了，原来一本书要畅销，靠的是与书无关的努力。此谓之21世纪的"工夫在诗外"。

沈浩波很爱读书，他本身是个诗人。但是，他从来不读自己公司做的书。他能把二者分得很清楚。"他自己的阅读视野，和他卖给大众的书，是两个世界。"磨铁身陷轰轰烈烈的"造书运动"之中，每年起码要印600万册图书，平均每月50万册。以这样的速度做出来的书的质量可想而知。做书纯粹是为了赚钱，与文化无关。

去年，沈浩波请来一位职业经理人来担任公司运营总裁。这个人是个出色的管理者，但是不清楚民营书商的发展历程，甚至不知道三联书店。他只确定两点：第一，所有的图书出版，都是商业行为；第二，从某个角度看，卖冰箱和卖图书没什么区别。我想，这不仅代表了磨铁，同时也代表了很多书商的心声。

不过话说回来，这本《单向街002》也是磨铁旗下品牌"文治"推出的图书。因此，也不能断然说磨铁不出好书，只是印量少了一点。

对今天希望认真做好书的中国出版人来说，这是最好的时候，也是最坏的时候。他们眼睁睁看着图书市场越来越（畸形的？）壮大，可是自己能占据的市场份额却少得可怜。有一句名言是：战争太重要了，所以不能交给将军。对书业来说这句话应被改写为：书业太重要了，所以不能交给书商。那么交给谁呢？交给像《单向街》的出版者这样有理想的出版人吧。在书业如此混乱的今天，除了坚持，我想不出更好的应对策略。

《单向街001——最愚蠢的一代》

　　许知远等著,凤凰出版社,2009年8月版。

《单向街002——先锋已死》

　　郭玉洁等著,宁夏人民出版社,2010年4月版。

给读书找个借口

「读」害不浅

在一个荒诞的时代,人们难免做出一些荒诞的举动。比如,面对再正常不过的事情,当你要去做的时候,也要给自己找出一个荒诞的借口,这样才能心安理得、坦然面对。我所说的"比如",是指读书。开卷有益,读书是件好事,这难道还需要多加解释吗?需要的。若没有人来解释,现代人不就没有"借口"去读书了么?市面上那么多"书话",在我看来是在无所不用其极地"引诱"人们去读书,仿佛没有了这些"引诱",大家真的会将读书遗忘了。新星出版社出版了一套丛书,共四册,分别是《读书记》、《赏书记》、《买书记》和《藏书记》。汇集了古今中外众多名家大师的书话。读来虽也有趣,但我总免不了有一种悲哀的心情油然而生。——怎么,读书的好处需要这样来强调吗?

从小我们的教育就告诉我们"书中自有黄金屋,书中自有颜如玉";可是,现实却告诉我们,读死书,死读书,读书死,只知道读书的人没有黄金;没有黄金,颜如玉也不会来找你。颜如玉宁可坐在宝马里哭,也不要坐在书呆子的自行车上笑。你跟我扯什么"书籍是人类进步的阶梯"? 人类是进步了,书呆子却退化了。

难道是时代变了? 两千年前,塞涅卡可以写信给晚辈,赞美道:"你没有狂奔乱跑,四处易地,也没有不断搬迁,搞得自己心绪不宁。那种烦躁焦虑正是病态心理的表现。按照我的想法,一个人能够独自度过一些时间,是他情绪稳定的最好证明。"塞涅卡的意思是说,一个人能把自己"禁锢"起来"独与天地精神往来",是一件很了不起的事情,这样的人拥有强大的内心世界,将来一定能成为成功者。可要是换成现在,谁还会这样赞美一个人? 说这番话无疑是在"骂人",意思是说:"你将孤老终生。"

看来时代真的是变了。人心没变,人心依旧有悲伤、难过、敏感、脆弱。只是当人们面对这些负面的情绪时,可以选择应对的方式多了好多。过去的书呆子说:"升华就是从别的代替对象上零碎地抽干我们的不幸。而书籍能提供给我们多少代替对象啊!……绝少不幸的冲动是不能用这种阅读的升华来解救的。"那时候的人没有太多娱乐,读书就成了最合适的选择。现代的人呢,去唱歌呀,去购物呀,去上网呀……有那么多"轻松"的事情可做,何必要选择费脑筋的读书呢?

所以,每当我听见有人用"没时间"作为借口不读书时,总是很不服气地说:"扯淡! 你说你没时间读书,但你却有时间逛街吧? 有时间逛街怎么会没时间读书,你把逛街的时间挪出来读书不就行了?你之所以选择逛街而不选择读书,原因是在你心中,读书根本没有逛街重要!"我宁可有人直截了当告诉我他不喜欢读书,也不要他找各种借口来搪塞。但有什么办法呢?都说了这是个荒诞的时代,一切常识都需要借口来证明其合理性。不读书需要借口,读书也需要借口。

古代人富有情趣得多。即便是找不读书的借口,好歹会动笔写首打油诗。诗曰:"春天不是读书天,夏日炎炎正好眠,秋又凉来冬又冷,收拾书包好过年。"但我们看到这首诗就知道,写这诗的人,绝对不会是一个不读书的人。这诗写得那么轻松那么有趣那么信手拈来,必定是饱读诗书之人所为。在读书读累了之后,突发奇想,向往起不读书的生活来,于是便大笔一挥,写下了这首诗。

究竟要为读书找一个怎样的借口呢?叔本华说:"穷人忙于操作,无暇读书无暇思想,无知是不足为怪的。富人则不然,我们常见其中的无知者,恣情纵欲,醉生梦死,类似禽兽。他们本可做极有价值的事情,可惜不能善用其财富和闲暇。"那么是不是说,一个把大部分时间花在读书上的人,不仅说明他富足,而且说明他有品位,在做"有价值的事情"?用这个标准,你倒可以看看自己处于哪个阶段。

《读书记》、《赏书记》、《买书记》、《藏书记》

蒙田等著,张恒等编,新星出版社,2010年5月版。

救救孩子,别再把药当粮食吃

"眼睛睁一只,嘴巴呼一呼,耳朵遮一遮,皆大欢喜也。大家都知之,大家都在乎,袖手旁观者,你我是也。"

——罗大佑《之乎者也》

罗大佑的歌声未绝于耳。举凡接受过内地小学教育的人,不论成年人还是未成年人,都看得出小学教材中存在许多问题,但就是没有人愿意站出来,花时间花精力花金钱,去研究那些糟糕的教材,然后撰文指出其中究竟存在哪些缺陷。毕竟大家都喜欢"皆大欢喜"、"袖手旁观",以致乐观犬儒主义横行霸道。

幸而,浙江有一群我的前辈、朋友,他们自愿担负起了这个重任,不惜满口遗臭,甘愿一而再再而三去尝小学教材这堆"臭狗屎",出版了《救救孩子:小学语文教材批判》一书,掀起一波大讨论。

我们的孩子都有病?

我有两个妹妹,一个在内地,一个在香港。我目睹他们接受小学教育之前后的变化。在入读小学前,两个人都是天真可爱的女孩子;但在读完小学后,两个人却完全不同了。香港的妹妹现在读中五,却还心怀着各种天马行空的理想,玩摇滚乐、写小说、关注社会;内地的妹妹现在读初中,却已经变成了世故老成的"实用主义"分子,两耳不闻窗外事,每天研究哪些手段可以为考高加分。

我不敢说香港的小学教育有多么好。第一,我的香港妹妹或许只是一例个案,其他香港学生我接触的很少;第二,我没有在香港接受过小学教育,我的小学是在内地完成的,所以我只有资格谈论内地的小学教育。

那么,内地的小学教育是怎样的呢?我入学的时候,是20世纪90年代初期,当时的教材就颇为人诟病。但出乎我预料的是,十几年过去了,小学教材仍旧差强人意。

父母把孩子送到学校的初衷就有问题。我已听了太多家长对老师说:"您一定要好好管教我的孩子,否则他一定学不好,将来就完蛋了。"怎么回事?我们的孩子不被管教就完蛋了?孩子去学校之前,是不是已经周身是病,必须送到学校交给老师去治疗?我们究竟是把孩子送去学校,还是送去医院?

所以,小学教材中才会流露出一股"喂孩子吃药"的情绪。人民教育出版社一年级语文课本中有一篇名叫《一次比一次进步》的课文,一个燕子妈妈叫小燕子去观察冬瓜和茄子的区别:第一次回来,妈妈不满意,叫小燕子再去;第二次回来,妈妈还不满意,叫小燕子再去;第三次回来,妈妈终于满意了一点说:"你一次比一次有进步!"这只"威权主义"的燕子妈妈,没有亲自带领小燕子去观察世界,一脚把孩子踢出门,到头来孩子还要感谢妈妈。这跟吃药很像,病人是无权决定吃什么药的,医生给什么就吃什么。药量不够,那就增加分量,直到病愈为止。我们的小学教育,就是在使孩子相信并遵守这一游戏规则。

我在想,这只小燕子是多么"幸运"而有悟性,能够自己找到"正确答案"而得到妈妈的嘉许。大多数在"威权主义"下成长的孩子,都被无情地牺牲掉了。"威权主义"教育最大的祸患,是用宁可牺牲一万庸才来发掘一个天才的丛林法则。这样挑选出来的人才,然后被收纳为既得利益者和分赃者,变成旧有体制的共犯。是故,在序言中作者写道:"读书、听话等训诫几乎弥漫在每个人的童年,我们活着似乎只是要证明自己比别人更能适应社会既定规则。"孰曰不是?

孩子们还要吃多少假药?

学校给孩子喂食,基本上都是把药当粮食吃,这已够让人恼火了。但更可气的是,这些药中,还有不少根本就是"假药"。

有一篇课文,我小学时读过,大受感动,所以印象特别深。看了《救救孩子》方知,原来这个故事彻头彻尾是虚构的。这篇课文名叫《陈毅探母》——

陈毅元帅的母亲生病了,陈毅知道后,赶回故乡看望。

一进家门,陈毅就来到母亲床前,拉着她的手,细心地询问病情。他看见母亲换下的衣服还没洗,就打来一盆水,一边洗衣服,一边与母亲谈家常。

　　母亲说:"你也五十多岁了,还替娘洗衣服。"陈毅说:"娘,快别这么说。从小到大,你不知道替我洗了多少次衣服。今天,我给你洗洗衣服,是应该的呀!"

　　我依稀记得那时候老师用诗一样的语言来美化陈毅元帅,叫我们都要向陈毅学习,我发自内心把陈毅当做榜样。郭初阳先生用一篇长文揭穿了这个骗局,无论是陈毅"探母"的年龄(五十多岁),还是他"探母"的地点(故乡),抑或是他"探母"过程中的言行(洗衣服),都存在诸多疑点。另外,郭先生还花了笔墨来考证这个假故事的"源流",很可能是仿照《二十四孝》一类的古书捏造的。(见书中《亲爱的母亲,这是什么道理?——读〈陈毅探母〉》一文)

　　这里,且不说这个故事本身给孩子灌输的思想有多么落伍。诚如孙隆基所说:"在中国文化里,个人是经由一种负欠感推动去作出牺牲的……首先欠下怀胎的父母,然后是他们的养育之恩。"中国人活得多累啊?一辈子被父母这对"债主"逼着生活。

　　其次,我实在搞不懂为什么教材编写者要杜撰一个子虚乌有的故事来教育小学生。是不是我们的教材编写者,在日常生活中做了太多坏事,或者目睹了太多坏事,以致连一件真实且又感人的故事都找不出来了,而必须用童话的形式来虚构?现实生活中,已经有太多假货了:苏丹红的咸鸭蛋、三聚氰胺的奶粉、潜规则的选秀节目、假新闻、假结婚、假文凭、假名牌、假酱油……为什么连我们的课本还要是假的?到底有没有一件东西是真实而美好的,可以捍卫最后一丝童真？可悲！可叹！可怜！

有一次我跟《蚁族》的作者廉思聊天,他从幼儿园到博士后,受的都是国内最好的教育,现在在北京某著名大学里任教。我问他:"我这种从小喜欢破坏规则的学生,不服从制式教育,变成现在这个叛逆样子还好理解。你是这种制度的受益者,为什么还会觉得它不好呢？"廉思回答:"因为我是幸存者。"

没错。这种教材营造的学习环境,基本上是一种任凭学生自生自灭的环境。从小我们就被告知"优胜劣汰"的法则,因此,制度本身是没有错的,假如你玩不起,被淘汰了,错在你自己。所有人的目光,都只盯着那个最终胜出的人,而其他被淘汰的,是活该,不会得到同情。救救孩子吧！孩子没病,别再把药当粮食吃了！

《救救孩子:小学语文教材批判》
　　郭初阳等著,长江文艺出版社,2010年9月版。

蚁无语

"蚁族"这个名字取得真好!所谓"蚁族",是指"大学毕业生低收入群体"。这群人确实和蚂蚁有着十分微妙的相似性:"高智、弱小、群居"。

实不相瞒,我也是"蚁族"。三年多的租住生活,和书中所描述的几乎一模一样。在我租住的那个郊区村子里,大学生有之,"校漂族"有之,农民工有之,打工仔、打工妹有之,当地的村民有之……在十平方米的小房间里,我与众人朝夕相处,细细体察大家的生存状态。只不过,我没有本书主编廉思那样的功力,能组织团队进行不辞劳苦的调研,为广大读者奉献一本如此优秀的著作。

"蚁族"是一个悄然而生的群体,原因大抵可以追溯到大学扩招。2009年,大学毕业生600多万,按照官方的说法,这些人(包括我)七成以上得以就业。可是,从《蚁族》这本书中我们可知,大部分已就业的毕业生都是月收入在2000元以下的低收入人群,"以保险推销、电子器材销售、广告营销、餐饮服务为主"。由于收入低,这些人一般选择租住在城市郊区的农民房内,一间十平方米左右的房子,租金不会超过400元/月。房子一般没有独立卫生间,没有空调,有简单家具,有的人甚至还选择与人合租。

住在郊区,交通是个大麻烦。以我的亲身经历,早上七点到八点之间,黑压压的人群便聚集在公交站台附近。远远看见公交车驶来,人群便开始骚动,不断向前挤,想要抢占车门位置。所以,公交车往往在距离站台20米处就被人群拦阻下来。车门一开,所有人便鱼贯而入。我常说,公交车像个魔法盒,无论多少人似乎都能装进去。有的人从前门挤不上,就把钱递给司机,从后门挤。直到所有人像被海绵吸掉的水一样全部进去了,车才缓缓起步。不挤是不可以的,因为万一迟到,就要扣工资。而这,只不过是"蚁族"一天生活的序幕。

"蚁族"中超过六成为外地城镇户口,大部分都抱着想要做个"城里人"的梦想。为此,他们中的很多人要忍受诸如无劳动合同、无"三险"、无业等工作上的压力;还要忍受诸如家人的不理解、拮据的开支、无固定性伴侣等生活上的压力。另外,"蚁族"还是一个多面受压的群体。书中记录在一个叫唐家岭的地方,有一条不成文的规矩:水费,即借收水费的名义向"蚁族"收取保护费,每月十元。有"抗旨不遵"者,便拳脚相加伺候。

在如此糟糕的生存环境下,可想而知"蚁族"的心理状况有多糟糕。"蚁族"中八成以上表示对生活不满意。可是由于大多受过高等教育,理性告诉他们应该对生活抱持积极、乐观的态度,所以往往也不会选择过激的方式来排遣心中的不满。比如,书中记录了一位名叫徐涛的受访者的一段话:"虽然现在的工作还算稳定,但各种保障并不足以在北京维持一个好的生活状态,而且社会地位很低。我的主要压力来自同学,有的同学已经买车买房、娶妻生子,而自己还是光棍一条,生活破败。家里人一听到我在北京,都认为我是山里飞出的一只凤凰,哎!这些苦处没地方说,男子汉就得顶天立地!"是呀,面对近在眼前又功成名就的同学,和远在天边又家徒四壁的家里人,除了打碎牙和着血往肚里吞,还能怎么办呢?

我常常想,作为"蚁族"的一员,我们的目标在哪里?我们未来的路在哪里?我们究竟为了什么每天过着如此不堪的生活?在蚂蚁的世界里,一只蚁后产下无数工蚁为其做活,工蚁不被给予生殖能力,含辛茹苦地工作满三至七年后便默默死去,没有同伴知道它从哪里来、到哪里去。"蚁族"之可悲正在于此,他们是"沉默的大多数"。在农民和农民工相继成为"弱势群体"后,"蚁族"也应得到更多关注。这本第一部研究"蚁族"的著作,只是一个开头,绝不是一个结束。

《蚁族》

廉思编,广西师范大学出版社,2009年9月版。

消灭网络,还是被网络消灭

前不久,茅盾文学奖得主麦家一语惊人:"如果给我权力,我就想消灭网络。"原因是,"我也跟很多网络作家交朋友,我认为其中99.9%是垃圾,只有0.1%是精华。"很多人认为,麦家"消灭网络"的言论是对"网络民主"的一大亵渎。可是,当我第一次在微博上看到这则新闻时,恕我直言,我的反应是:如果只就文学而言,我十分赞成麦家先生的观点。

为什么我要这样说?难道还需要问吗?在 Web 2.0 时代,我们都知道这个问题的答案:海量的信息正在干扰我们的生活,无数的业余者淹没了专家。我们每天都要为一个简单的问题,在信息垃圾中永无休止地筛选,在成千上万条搜索结果中,寻找一丁点儿可怜的有用资讯,然后重组成我们需要的话语。没有人能否认网络给我们带来的便利,我们从没像今天这样廉价而迅速地获取知识;但同时,也没有人能否认它给我们带来的麻烦。用《网民的狂欢》一书的作者安德鲁·基恩的话说:"免费的信息并不意味着我们可以不劳而获,最终,我们将为甄别和使用这些信息付出最昂贵的代价——时间。"在他看来,Web 2.0 时代是一个"傻瓜专政"的时代。

基恩特别举了"维基百科"为例。这个标榜"自由的百科全书,可以由用户编辑"的网站,不仅错误百出,而且还具有非常不确定的缺点。比如,2006 年美国安然事件主犯肯·莱去世,第一条注释称他死于"明显的自杀",可 5 分钟后第二条注释则称他死于"明显的心脏病"。我们该相信谁?由于谁也不需要对自己编辑的词条负责,因此谁也不会认真去考证他所获得的信息的正确性。"真理和信任是 Web 2.0 时代的'受难者'。"

非但如此,一种"网络民粹主义"悄然而生,大家反对专家的意见,用"网络法律"扼制专业人士的发言。网络世界的规则是:"只有那些声音最大、最固执己见的人才能胜出,只有那些通过冗长发言来阻止别人发言的人才能取胜。"而根本不计较发言者是否在某一方面有所建树。基恩目睹这一现象,痛心疾首道:"维基百科这类网站冷落权威专家的行为不仅是荒谬的,而且是让人心寒的。"

"如果我们想成为一名医生、律师、音乐家、记者或工程师,就需要投入大量的时间和精力用于学习、培训和参加不计其数的资格考试……一位专业作家为了让经验丰富的编辑、出版商、评论家和读者认可自己的作品,需要花费数年时间撰写和修改他的稿件,这样的作品才是值得人们花时间去关注的。电影从业者必须忍受高强度的工作、混乱的作息时间和巨大的压力带来的折磨,才能创作出一部成本低同时收益和上座率俱佳的电影。业余者真的能够超越这些专业人员并创作出更好的作品吗?"

这个问题其实我给不出答案。正如基恩一样,他强调自己是个"业余作家",并不奢望解决问题,而只想用这本书引发大家对"网络弊端"的思考。我介绍此书的目的亦同。我们该何去何从,究竟是消灭网络,还是被网络消灭?请读者三思。

《网民的狂欢:关于互联网弊端的反思》

安德鲁·基恩著,丁德良译,南海出版公司,2010年3月版。

警惕!"笨蛋时代"来临

就在前不久,我的家人因为热播的相亲节目"非诚勿扰"发起了争论。一方认为,参加节目的人都是真心实意的,24位女嘉宾的一言一行,都是真情流露;而另一方则认为,所有的一切都是在演戏,从对白到结果,都是经过精心编排的。

我自然是站在后者的立场。

欧美国家很早就流行"真人秀"节目,鲜有人会把"真人秀"当真。因为即便它标榜"真人",但终归只是一场"秀"而已。"摔跤"是"真人秀"中最典型的一种,从2009年获得奥斯卡奖数项提名的电影《摔跤手》中我们便可见一斑。欣赏"真人秀"时,人们的正常审美心理应该与欣赏话剧一样——明知它是假的,但在表演过程中还是投入其中,与演员同哭同笑,而在表演结束时即抽身戏外。

可令我纳闷的是:为什么有那么多人坚信"非诚勿扰"这样的节目是真实的呢?答案正如日本管理学大师大前研一先生在《低智商社会》一书中提出的:电视等媒体正在把人们引向"低智商社会"的深渊。

"低智商社会"的表现

不容否认的一个事实是,现代社会的"集体智商"确实大不如前——

现在的中学生相当于过去的小学生,大学生相当于中学生,研究生相当于大学生。

80年代的畅销书是尼采和萨特,而现在的畅销书则普遍都是宣传一些"内容简单"、"即可见效"的励志书。

看于丹《论语心得》的人比看《论语》的人多得多。

……

假如于丹早生一百年,她的《论语心得》绝对火不起来,因为那时候有太多人直接读《论语》,有太多专家,哪还轮得到她在电视上忽悠大众呢?她的每一处细小错误都会立刻得到行家的纠正。

其实从于丹那里,我们便可得知"低智商社会"的一个最重要的特点——"低智商社会"中的人懒于思考,希望有人把思考过后的答案直接告诉他们。

大前研一举了一个非常生活化的例子。在超级市场里,每位顾客都养成了看"生产日期"和"保质期"的习惯。这便是一种明显的依赖他人思考的行为。因为人们不会去验证所购买的商品是否真的变质了,而一味听从几个数字的摆布。于是,就出现了对"过期"但尚未变质商品的恐慌。同时，人们对香烟这种没有"保质期"的商品表现出莫衷一是的无奈。"消费者放弃了'自己思考'的权利，而把全部权利都委托给了别人。"

而当一股"流行"大潮袭来时，大部分人表现出来的也是毫无理由的追捧。不管适不适合自己，社会上九成的女人都在穿黑丝袜。当一个叫张悟本的人走上电视推销他可笑的"绿豆食疗法"时，所有人都在以每天数斤的量猛吃绿豆，并坚信这样可以使身体健康。或者，随便跳出一个"经济学家"大喊"房价要涨了！股价要涨了！"的时候，所有人都把钱砸向市场；而当另一个"经济学家"发出完全相反的声音时，所有人又死死攥着钱不肯拔九牛之一毛。

"有一种假说认为，在现代社会中，随着电视、游戏、网络等新媒介的出现，人类大脑接收到的信息量在飞速增长，由于接收了更多的刺激，大脑会变得更加灵活。"但事实恰恰相反，"低智商社会"中的人拒绝思考。他们觉得每一位亮相媒体的人都是"专家"，所以他们说的话肯定都是正确的，他们信任别人远胜于信任自己。大众已经结束了"不被人骗"的时代，而滋养了"得过且过"的恶习。

"低智商社会"形成的原因

除了要怪罪媒体对大众的"低智商"化误导以外，教育亦难辞其咎。

我们都接受过九年制义务教育，都做过试卷，有没有发现，试卷里的选择题和判断题远远多于问答题？而即便是问答题，出题者也会预设几个"得分点"。答题者只有"猜"准出题者预设的"得分点"才算答对，容不得独立思考和个性见解。这种题目设置，"从不问'为什么'，只会问'○是正确的还是×是正确的'。不管怎样都是在'○'和'×'中做一个二选一的选择。"更有甚者,有的老师会教你如何在完全看不懂题目的情况下,光凭对几个答案的分析即可选出正确答案。而这,就是"低智商社会"心理模式的滥觞。

社会的"精英"阶层,正是在这样的层层选拔中"脱颖而出"的。为什么这些不需要思考的人,却能在考试机制中取得高分呢?因为现代教育已完全沦为一种"技能"。"这种人虽然不会思考,但因为具有熟练的'技能',还是能被知名大学、政府部门和一流大企业选中。"久而久之,知名大学变得不再"知名",政府部门和一流大企业也变得不再"一流"了。

"教育"一词的英文是 education,其词根 ducere 有"引导"之意。是故,所谓教育其实是老师引导学生进行思考。可是在翻译成中文时,education 却变成了具有"居高临下"意味的"教育"。我来"教"你,我来"育"你,学生成了被动的一方。从经济学的角度来说,老师成了"生产者",而学生则成了"消费者"。大前研一说:"政府一直以来都是把'生产者'摆在比'消费者'更高的位置上。"这就好比一个厨子说"我不管你想吃什么,反正我烧什么你都必须吃掉"。久而久之,吃饭的人也懒得去想下一顿该吃什么,反正能填饱肚子不挨饿就成。"选项太多,人就会变得不知所措,精神压力就会增加,所以最终导致人急于去作出简单的决断。"

既得利益者在当下享受了"低智商社会"的无限好处,培养了大量唯命是从、唯唯诺诺、给啥吃啥的"笨蛋"。可是,高瞻远瞩的"先知"忧心忡忡:这样下去,整个社会丧失了创新的能力,终有一日无立锥之地。思考是一件"痛苦"的事情,但"一个国家的国民如果没有吃苦的精神,这个国家就会走向衰退。如果国民一直这样安于现状,不思进取,一味地被政府和媒体的甜言蜜语所蒙骗,那么选举永远只是一场'○×游戏'。"

面对"笨蛋时代"我们该怎么办

要摆脱"低智商社会"的泥沼,首当其冲的当然是改变教育体制。

现在是一个"没有标准答案"的时代。随着维基百科一类网站的出现,将来的社会势必会进入利用"集体智慧"找寻真理的阶段。这种模式也一定会从网络世界移植到现实世界当中。如今已经有一些公司进行了大胆的尝试,在那里,不再由领导一个人说了算,而是所有员工聚集在一起来商定公司的方针政策。所以,为了培养能够适应未来社会的人才,从基础教育开始,老师就应该抛弃预设"标准答案"的陋习陈规,让学生自己去获取答案。

网络或许可以成为"低智商社会"的"救世主",只要我们正确引导大众的上网习惯。和电视相比,网络拥有比较大的互动性。坐在电视机前,你永远是被动地接收信息;网络不同,它需要你主动地去搜索你想要得到的信息。但网络同时也有很多缺点(比如垃圾信息过多等)。然而,大前研一还是对网络寄予厚望:"为了我们的后代的'智商',我们必须要克服网络带来的这些危害。"

另外,我们或许应该放下"大国"的架子,更多地向一些"小国"学习,比如新加坡。新加坡一个只有五百万人口的小国家,在"集体智商"方面却鹤立鸡群,靠的不是别的,是从世界各地引进人才。

一个"高智商社会"的人赞美思考者,拥戴思考者;而一个"低智商社会"的人则想:"即便知道了也不会有人赞扬我,那还不如什么都不知道。""○×式教育"培养出来的人只会思考一个问题:"我们要不要成为一流的国家。"答案显而易见是肯定的。但是,他们不知道如何才能成为一流的国家。所以,我们要成为"大国",务必警惕"笨蛋时代"的来临!

《低智商社会:如何从智商衰退中跳脱出来》

大前研一著,千太阳译,中信出版社,2010年4月版。

当我们谈论扯淡时我们在谈论什么

2008年我在书店闲逛,忽然看见一本非常薄的小书,从头到尾,加上两篇序言,总共也就不过两万七千字。我一般不会在意这样的书,但因其是精装,甚小巧,便拿起来随便翻翻。没想到一发不可收拾,在书店里"打书钉",一气读完。如此尚不过瘾,买回去再读一遍。我说的,正是当年高居全美非虚构类书籍排行榜冠军的《论扯淡》,作者为普林斯顿大学哲学系前主任哈里·法兰克福教授。我随后写了一篇评论,认为这本只有短短两万多字的小书,必将载入史册,作为"21世纪最伟大的书"之一长久被人谈及。它最精彩之处,在于区分了"说谎"和"扯淡"两个概念。

什么?"说谎"不就是"扯淡","扯淡"不就是"说谎"吗?难道二者还有区别不成？是的，的确有。法兰克福教授用深入浅出的语言给我们解释道：

> 当一个诚实的人说话，他只说自己相信为真的事情；至于说谎者，所说的就是自知为假的陈述。然而对扯淡的人来说，上述这些赌注都不存在：他既不在真实这一边，也不在虚假那一边。说谎的人和诚实的人都把目光摆在事实上，而扯淡的人则根本不在意事实，除非这么做能符合他的利益，让他不受惩罚就逃过自己说过的话。他不在乎自己说的话是否正确地描述了事实，他只挑选或编造符合他目的的话。

也就是说，"说谎"的人好歹还知道什么是真相，只是故意避开不谈罢了；而"扯淡"的人呢，根本就不懂什么是真相，睁眼胡说，恬不知耻。好比于丹所言：《论语》中的"小人"就是"小孩"的意思。我猜她老人家不是假不懂，是真不懂。这就是典型的"扯淡"。

那么，既然扯淡者自己都不清楚自己说的话有什么不对劲的地方，就只好由专家出面来揭穿了。法兰克福教授的"扯淡学"（bull‑scatology），就是专门为这些大言不惭的扯淡者所开辟的。而哈佛大学哲学系毕业的两位高材生：托马斯·卡斯卡特和丹尼尔·克莱茵，则是这门学科的好学生。两人合写的《说服的力量：美国政治家的语言技巧》（其英文书名为 Understanding Political Doublespeak through Philosophy and Jokes，或许直译为《通过哲学和笑话理解政治双关语》更便于读者理解本书内容吧？），用各种逻辑学的方法，为我们解读了美国五花八门的新闻事件。假如没有他们的分析，你不知道原来自己每天要听那么多无厘头的"扯淡"。以下试举数例。

逻辑学上有一种"二难推理",即无论 A 或 B,都将得出同样的结论。比如东方朔偷喝了汉武帝的"不死神酒",武帝大怒要杀他。东方朔说:如果这酒真是"不死神酒",我既喝了,你杀我我也不会死;如果这酒无效,我只不过喝了普通的酒,你又有什么好可惜的呢?所以,无论如何你都不该杀我。这便是典型的"二难推理"。但是,有时候有一种"虚假二难推理",即一大堆词汇摆在一起,迷惑视听,其实根本就是废话一句。比如,美国前国防部长拉姆斯菲尔德曾说:"本·拉登不是在阿富汗,就是在其他国家,或者是死了。对此我们很确定。"

这话说得滴水不漏,涵盖了所有可能性。只可惜,这话不仅适用于本·拉登,也适用于笔者和读者诸君。说和不说,有什么区别吗?把这段话抄录在此,读者马上就能看出其荒谬,然而,要是换作在电视上听到,则未必会引起观众的警觉。政治人物的"扯淡"把戏,很容易得逞。

还有一种"胡乱因果关系"的情况。比如前几年有一本经济类超级畅销书叫《魔鬼经济学》,作者史蒂夫·列维特在书中发表了这样一个观点:"罗伊诉威德案的判决认定堕胎合法,这一判决使得,在差不多 12~17 年后,犯罪率急剧下降。列维特认为,父母不想要的孩子——大多数在穷人家——的出生率下降,会降低潜在罪犯的数目;因为,父母不想要的孩子,跟那些父母想生下来的孩子比起来,在长大以后,更有可能成为麻烦制造者,其犯罪和吸毒的倾向更为明显。"

作者从这个案例,推导出如下结论:堕胎合法化有助于降低犯罪率。堕胎和犯罪率下降,表面上看是因果关系,但作者似乎没有考虑到，在犯罪率下降的这几年间，还有其他因素在发挥作用，不仅仅是堕胎合法化一种。这就好像，有一个人健康强壮，他每天都要喝水，我们就误以为是喝水让他健康强壮的，而忽略了其他因素：膳食、运动等等带来的益处。

再者，我们来看看逻辑学中最常见的"三段论"。这种推理虽然很简单，但时而还是会混淆人们的视听。比如，当年著名的"辛普森杀妻案"审判时，法庭上出现了这样的三段式推论："A. 如果辛普森是那个谋杀犯，那么，在犯罪现场找到的那只手套让他戴上，就会很合适。B. 在犯罪现场找到的那只手套让他戴上后，并不合适。C. 所以，辛普森不是那个谋杀犯。"

这推论是不是很可笑？——谁能保证在犯罪现场找到的手套就一定是辛普森留下的呢？但是这样的推理完全符合逻辑。正如当年古希腊人推论道：A. 人总要死。B. 苏格拉底是人。C. 所以，苏格拉底要死。于是，苏格拉底就被判了死刑。关于辛普森的三段式推论，和关于苏格拉底的三段式推论，二者如出一辙。在此，笔者不得不要提醒各位读者注意：逻辑学家殷海光先生早有告诫，逻辑学犹如数学，是可以独立于现实世界而存在的学科，在逻辑学上成立的推论，在现实中未必就能应用。（有兴趣的读者可参看殷海光的《思想与方法》以及《逻辑新引/怎样判别是非》二书。）

说了这么多，那么，当我们谈论扯淡时我们在谈论什么呢？很简单，我们在谈论的是：如何减少上当，如何避免被各种不怀好意的人欺骗，我们要做聪明的人，不要做愚蠢的人。

《说服的力量:美国政治家的语言技巧》

托马斯·卡斯卡特、丹尼尔·克莱茵著,肖海等译,重庆大学出版社,2010年7月版。

创新，中国人的软肋

中国人为什么创新不起来？这个问题我们问过无数次，却始终没有得到答案。之所以说没有得到答案，是因为迄今为止，我们尚未见到中国人在哪一位"先知"的指引下彻底觉醒，从一个循规蹈矩的民族变成一个引领时尚的民族。然而，中国社会的精英阶层出于担当和良知，从来没有停止过对这一问题的思考。被誉为"当代最具批判与反思精神的管理学家"的肖知兴教授，最近在新著《中国人为什么创新不起来》中给出了他的答案。

中国历史上最具创新精神的时代有三：一是春秋战国，一是魏晋南北朝，一是民国。春秋时代百家争鸣自不消说，魏晋时期出现过最好的书法《兰亭序》、最好的文论《文心雕龙》、最好的文选《昭明太子文选》、最好的数学家祖冲之,民国年间则是学贯中西的大师辈出。我们细细琢磨这三个时代,会发现一个微妙的特点,它们都不是传统意义上的"大一统"格局,相反,都是八方割据群雄逐鹿天下大乱。

此刻,请让我们把目光投向千里之遥的欧洲。欧洲的面积和中国差不多,但是却四分五裂成数十个国家。可偏偏是在这片土地上,孕育了人类的现代科学和现代文明。那么多国家,那么多民族,关系错综复杂,加之北欧的寒冷,南欧岛屿星罗棋布交通不便,按照中国人的逻辑,这样的格局极不利于调配资源"干大事",怎么可能领导世界风潮呢?

然而恰恰是这样"恶劣"的环境,成全了欧洲人的创新之梦。国与国之间的激烈竞争,迫使每一个国家都寻求自己独特的生存之道。"太暖和、太舒服的环境是不容易产生有创造力、有竞争力的文明的。"

国与国之间如此,国民与国民之间亦莫不如此。所以,欧洲人自古以来崇尚独立精神。我们可以设想一下,做一个随时有累卵之危的国家的公民,是多么没有安全感。远的不说,光看二战时候的波兰、奥地利、法国等国家,一夜之间竟可亡于纳粹德国之手,人民徒遭灭顶之灾。个人若不能自强,哪里还有生存空间?不似中国,城头变幻大王旗,朝代的更迭只是换个人做皇帝而已,老百姓依旧过着日出而作日入而息千年不变的生活。

不过话说回来,若说欧洲人完全没有"统一"亦不正确,他们有整齐的信仰——上帝。所以,在各自力求创新的过程中,欧洲人总能找到契合点。而这又是创意之所以能付诸实践的关键所在——在共同的信仰机制下,人与人之间建立了"信任"。加州大学洛杉矶分校社会学者林·扎克提出人类社会信任建立的三个阶段。第三阶段即是"整个西方的资本主义发展依赖的阶段,以制度为基础",这无疑是建立在基督教伦理基础之上的。

中国人其实是非常具有创意的一群人,但是因为缺乏信仰,人与人之间重重提防。所谓"非我族类,其心必异","卧榻之旁,岂容他人鼾睡",这些话正反映了中国人对他人不信任的心理。没有信任,缺少分享,创意要在激烈的碰撞中才能发光发亮。而中国人往往是好点子烂在肚子里,从生到灭,只有自己知道。笔者就曾被问到这样的问题:"我与别人分享自己的创意,最后成功了,利益要怎么划分呢?"这是典型的中国式思维,不是想着如何把事情做好,而是首先想到事成之后如何瓜分利益。他不知道,分享创意才有可能成功,成功之后才有瓜分利益的可能性;如果任凭创意荒废,连成功的可能性都没有。

当然,光是有创意,还谈不上创新。创意只是一个开头,要走到创新的结果上,还需要诸多机缘的配合。欧洲工商管理学院的罗纳德·博特提出的"结构洞"理论,是创意转化为创新过程中至关重要的因素。"结构洞"的"核心思想就是,经纪人通过联系不同的社会群体,控制结构洞,能够创造出各种利润丰厚、影响深远的机会"。也就是说,一个创新者必须掌握融合各种资源的能力,才能把一个创意变成创新,并最终创利。在任何一个团体里,人际关系、行业关系都是错综复杂的,只有那些善于整合不同资源的人才能最终胜出;相反,闭门造车的人只能把自己逼入死胡同。最典型的例子是大学者陈寅恪的留学经历。陈先生在国外留学 16 年之久,辗转德国、美国、挪威、瑞士、法国等国家,却没有拿到任何学位。他在留学期间只讲学问不讲学位,什么课都听,什么书都看,最终成为学贯中西、不世出的大学者,被称为"教授之教授"。陈寅恪就是充分掌握了"结构洞"的人,他为柳如是一人所作的传记,简直就是一部明朝社会百科全书——这就叫创新。

最后,让我们回到这个老大难话题:中国人为什么创新不起来?我们不由得想起国学大师熊十力在《新唯识论》中的一段话:"有依人者,始有宰制此依者;有奴于人者,始有鞭笞此奴者。至治恶可得乎?吾国人今日所急需要,思想独立,学术独立,精神独立,一切依自不依他,高视阔步,而游乎广天博地之间,空诸倚傍,自诚自明。以此自树,将为世界文化开发新生命,岂唯自救而已哉?"缺少了"独立之精神,自由之思想",没有人能创新得起来。万法归一,肖知兴教授在本书的末尾用一个字给中国的"创新之路"指明方向,那就是《论语》开篇的第一个字:"学"。不是亦步亦趋的盲从,而是虚心的、谦和的、理智的、宽容的学习别人的长处。

《中国人为什么创新不起来》

　　肖知兴著,中国人民大学出版社,2010年3月版。

生命如烟轻

——读《雷蒙德·卡佛短篇小说自选集》

我终于知道自己为什么总是看不下去长篇小说了。在中国这个钟情于宏大叙事的国度里（从汉代的大赋开始），动辄"建国大业"，真的很难不让人对"史诗式"的巨著产生厌烦感。在这样的大环境下，我们的文学往往记住了非凡的伟人、英雄，却忽视了看似微不足道却有血有肉的个体生命。书写个体，看似琐碎（甚至无聊），其实朴拙无华，更能触动读者（每一位平凡的读者）的情感神经。所以，当我拿起《雷蒙德·卡佛短篇小说自选集》时，这位眼神凝重的作家给我带来的不啻是一种"桃花源式"的享受。

在卡佛的笔下，每一个生命都显得平凡，他们不外乎是些普通人。"如锯木场工人、餐馆的女招待、推销员、汽车修理工、失业者和家庭主妇等等。他们做着再平常不过的事情,如吃饭、看电视、喝酒、聊天、打猎和钓鱼等等。"(《译后记》)或道卡佛善于观察生活。实际上,他何必像个文化人类学家那样去做田野调查呢?他自己的悲惨经历就足以是他写作的巨大财富:十九岁和未婚先孕的女子结婚,二十一岁成了两个孩子的父亲,为了养家糊口,先后做过锯木厂工人、药店送货员、医院清洁工、加油站工人……一生中两次破产。酗酒、住院、离婚……我不知道卡佛的小说中有几成是他个人的亲身经历,但是,我总觉得在字里行间能读出卡佛自己的影子。

卡佛善长写短篇小说和诗歌,他对篇幅短小的文体有一种近乎固执的偏爱。在《论写作》一文中卡佛说:"还是在六十年代中期,我就对长篇叙事小说失去了兴趣。在一段时间里,别说是写,就连读完一篇都觉得吃力。我的注意力难以持久,不再有耐心写长篇。至于为什么会这样,说来话长,我不想在这儿多啰唆了。但我知道,这直接导致了我对诗和短篇小说的爱好。进去,出来,不拖延,下一个。"卡佛写短篇,就像烧制一块块方砖,日积月累,试图堆砌一座庞大的"文学城堡"。可惜,作家虽有"愚公移山"之志,却得不到"巨灵神"助力,偶尔自知力小,在小说中也曾流露悲情。《大教堂》一文,卡佛借人物之口说:"我知道盖一座大教堂需要成百上千的人,要花五十甚至一百年的时间。……我知道,有可能一家的几代人都在修同一座大教堂。……那些人为此干了一辈子,却等不到完工的那一天。在这点上,老弟,他们和我们没什么两样,是吧?"大教堂的建设,需要耗费几代人的生命;"文学城堡"的建设,又岂是一朝一夕可以完成的?卡佛深知这一点。他是契诃夫的信徒。他创作短篇小说,是受了契诃夫"作家不一定非得去写那些取得了无比的成就和做出了惊天动地事情的人"的影响。各位不要忘记,契诃夫还有一句名言:"写,写,写,写到手指头断了为止。"卡佛在创作上的毅力,证明他无疑是这一信条的实践者。

在卡佛的小说里,经常出现"烟"这个意象——"她拿起他的烟。""他点了根烟。""他等了一会儿,然后向后靠在椅背上,吸烟。""年长的坐在那儿吸烟。""她摇下车窗,往外面弹烟灰。"……当我结束这本书的阅读后,合上书,木木地盯着封面上卡佛的照片,猛然发觉他的眼神没有在看我,而是穿透了我,直抵几万公里外的大千世界,覆盖芸芸众生。他的生命就像他文字里的一支烟,静静地燃烧,猛吸一口,生命就短一分,化作一缕有时候不甚讨人喜欢的烟雾。

在这本书的开头,卡佛引用米兰·昆德拉在《不能承受的生命之轻》中的一段话:"我们永远无法得知想要的究竟是什么,因为,只在尘世上走一遭,我们既不能和前世相比,也无法对来世加以完善。"生命如烟轻。卡佛的事业,是把那轻如云烟的生命,转化成沉重的文学,以警后人。

这位伟大而短命的作家,一生承受了不知多少折磨,却从来没有放弃过写作。1988 年,卡佛离世,只活了 50 岁。顺便一说,他死于肺癌……

《雷蒙德·卡佛短篇小说自选集》
雷蒙德·卡佛著,汤伟译,人民文学出版社,2009 年 9 月版。

你不知道的白宫

「读」害不浅

　　你不会不知道《跟总统学领导——白宫实习大揭秘》的作者是谁,他就是畅销书《加西亚来信》的作者查尔斯·加西亚。不过,你可能不知道他的另外一个身份——"白宫实习生"。

　　什么是"白宫实习生"?它是一个由美国前总统约翰逊创立的,旨在选拔全美最优秀的年轻人到政府里工作十五个月的计划,诞生于1964年。从这里走出来的年轻人,后来大多成了国家的中流砥柱。最有名的如:前国务卿科林·鲍威尔、斯坦福商学院院长罗伯特·乔丝、李维斯首席执行官罗伯特·哈斯、普利策奖得主多丽丝·卡恩斯·古德温……

　　当我拿到这本书开始读的时候,立刻被第一章的引言震慑。

这是约翰逊总统的一段话:"真正的自由社会不是一个由旁观者组成的社会。自由的最深层意义在于参与——全心地、热情地、理智地参与。为了达到这个目标,我今天发起了名为'白宫实习生'的计划。"这是典型的"美国主义",或者叫做"美国式主旋律",虽然听了千遍,但仍旧振奋人心。

同样振奋人心的还有接下来这段话:"18世纪末期,美国还是人口稀少的殖民地,这块土地上诞生了华盛顿、杰斐逊、亚当斯、门罗、麦迪逊、汉密尔顿、富兰克林和其他一些才华出众、胸襟广阔、深谙治国之道的领袖。那么,我们的时代为什么不可以塑造出更多这样的人才呢?这样的人才又在哪里?我们能够看得到的真的很少。可是,那些可塑之才是存在的……这项计划应该按照这样的原则设计,让那些才智过人的年轻人得到必要的锻炼机会。在此之后,无论他们是否选择留在政府部门,对于我们的国家都将是一笔巨大的财富。"

这段话中最值得我们注意的有两点:第一,美国政府认为人才总是有的,关键的问题是人才有没有锻炼的机会;第二,美国政府并不只着眼于为政治培养人才,举凡各行各业的人才都能为国家作出贡献,这是多么了不起的远见!

当然,如果你只把这本书当做学习管理学的通俗读物来读,似亦无不可,因为你大可把这本书当做比照自己与成功人士差距的镜子,每日"三省吾身"。

例如,首先你就可以问问自己:"我有没有平衡好工作与生活?"这个看似简单的问题,其实很多人都处理不好。"成功人士"醉心于工作,而无法兼顾生活。他们在办公室每天板着脸,回到家里面部肌肉仍旧放松不下来。所以,往往处理不好跟妻子/丈夫的关系，也无心照顾孩子的成长。但"白宫实习生"的经验告诉我们，真正成功的领导者，可以利用生活对工作进行减压。普利策奖得主古德温就坚信："如果你将全部精力都投入工作，那你就会有一个悲惨的晚年，因为一旦你不工作了，你就什么都没有了，没有了爱好，也没有了体育活动。""家人还是会爱你，可是如果你过去没有把他们放在最重要的位置上，现在也不会，你会后悔当初为什么没有给他们更多的关注。我总是反复强调一点，自我放松和自我充电的能力至关重要。"这些观点同时也是约翰逊总统亲自传授给她的。

又例如，如果你觉得自己各方面条件都很好，好家境、高学位、广人脉……所有人都觉得你前途一片光明，成功指日可待，所有人都为你感到激动不已，可是，你自己就是提不起精神，感觉工作、生活了无生趣，那么，你或许该听听以下这段忠告："如果你的志向是成为一个真正伟大的领导，那么请你谨记：若是希望人们服从你的领导，你必须先跟随你内心的声音，让你心中的激情做你的引路明灯。如果你都不热爱自己的事业，别人就更不会在乎。"反思一下，现在有多少人，每日在为自己不热爱（甚至厌恶）的事业而奔波，如行尸走肉。在生存与生活之间，很多人怯于选择后者。

就像这本书的书名一样："跟总统学领导"。我们中的绝大多数，当然不可能亲身得到总统的指点，但是不怕，我们可以借由阅读此书，间接得到一些终身受益的教诲。

《跟总统学领导——白宫实习大揭秘》

查尔斯·加西亚著,毛乐、蒋竹怡译,科学出版社,2009年9月版。

让"80后"接好这一棒

我不是很欣赏用"×0后"这样的代际关系来区分人的做法。因为我实在察觉不到1979年出生的人和1980年出生的人有什么太大的不同之处,而他们却被分别划归为"70后"和"80后"。但是,我同时又无法否认从某种层面上说,历史上常常会出现"某一代人"的情况,这些人在某些方面确实有很多共性。比如,他们可能在中学时代用过同一个版本的英文课本,都知道一个叫李雷的男生和一个叫韩梅梅的女生;又比如,他们听着同一群歌星的流行歌曲长大,那些歌词深深影响了他们的价值观;再比如,某些重大的政治事件确实造成了很明显的历史界限,使此前和此后的两代人看世界的态度大相径庭。而在中国这样一个逢"9"年份经常"出大事"的吊诡历史背景之下,有时候以十年为一个刻度来划分年龄层,似也不失为一种"合理"的办法。

"80后"的界限是比较明显的:从1978年12月开始到1989年6月。这代人,和中国的经济腾飞一起成长。有人说:中国在这三十几年里做了西方两百年的事情,同时也积累了西方两百年的问题。这一情况在"80后"身上也同样应验。与父辈相比,"80后"无疑是最富足的一代,现在美国一款最新的 ipad 或 nike 上市,身在中国的"80后"可以马上通过网购得到,没有丝毫阻力。但是相对的,"80后"也承受着前所未有的压力,这是父辈所没有经历过的,所以,才出现了关于"80后"的诸多社会问题:"蚁族"、"蜗居"、高房价、教育、剩女、网络、"富二代"、"官二代"……这是最好的时代,也是最坏的时代。在纷扰的现实面前,"80后"要经历更多人生的抉择,大多数人选择了妥协,少数人选择了反抗和观望。

2010年有不少人特别关注"80后",写了很多文章出了很多书来讨论"80后"何去何从。为什么是2010年呢?原因很简单:从2010年开始,"80后"将陆续进入三十岁。按照孔子的说法,是进入"而立之年"了。在这个重要的转折之年,"80后"究竟"立"不"立"得起来?这不仅是关乎"80后"自身的问题,更是关乎下一代能否顺利接过上一代递过来的"棒子"的问题。

我之所以想到"接棒",是因为最近读了一本关于"80后"的书:《无法独活:致喂大的年轻人》。此书腰封上有一句话:"而立之年,80后须棒喝。"这话让我很自然想起李敖在1961年写的那篇著名的《老年人和棒子》。在那篇文章里,李敖提出了一个质疑:"老年人"手里拿着的这根"棒子",究竟是想交给年轻人以图传承呢,还是只是想朝年轻人头上敲一下?他说,"老年人"口口声声教训年轻人要来"接棒",但是他们所关心的是:"第一,从感觉上面说,老年人肯不肯交出这一棒?第二,从技巧上面说,老年人会不会交出这一棒?第三,从棒本身来说,老年人交出来的是一支什么棒?"在此,我不想对《老年人和棒子》多发议论,只是想说明《无法独活》一书给我们的启示,或许和《老年人和棒子》给我们的启示有某种相通之处。

大体上说,《无法独活》一书是不错的。本书的作者都是"70后",他们的姿态是"兄长式"的。如此一来,就没有"老年人"那样的居高临下。他们平视"80后",除了批判现实以外,还普及常识。(这是最值得称道的一点。)例如告诉"80后":"信息≠知识≠常识≠文化"——并不是在掌握海量网络信息的时代,"80后"就等于有常识、有文化了,没有分辨和筛选能力的人,即便拥有信息仍旧可以非常无知。

如果说,"80后"2010年"三十而立"应该成为一个"现象"的话。那么,这个"现象"值得引起我们注意的地方是,过去在"80后"没有话语权的时代,贴在"80后"身上的众多标签(诸如"迷失的一代"、"垮掉的一代"、"拜金的一代"等等)基本上都是父兄辈所强加上去的。现如今,"80后"步入而立之年了,势必会介入公共领域争取更多话语权,不仅是参与社会热点的讨论,也将用"80后"自己的语言、视角、方式,重新找寻自己在历史上的定位。在这期间的一切讨论,无论是褒奖、贬斥、批判,在我看来初衷都是善意的,都是为了让"80后"更好地接过历史之棒。

书评人可以歇歇了

《无法独活:致喂大的年轻人》

王千马等著,陕西人民出版社,2010 年 5 月版。

文化评论

梁文道为什么这样红

——香港"卖纸团"的秘密

一

由于在书店工作,我有机会能仔细观察各种畅销书的受欢迎程度。2009年上半年,书店最好卖的书前三名:第一要数张爱玲的《小团圆》,第二要数宋晓军等人的《中国不高兴》,第三要数梁文道的书:《常识》(广西师范大学出版社)、《噪音太多》(花城出版社)和《我执》(广西师范大学出版社)。

《小团圆》的畅销是理所当然的,张爱玲的遗著,几十年尘封的作品,谁不想一窥其实呢?《中国不高兴》的畅销,得益于"大时代大目标及我们的内忧外患",加上"高明"的营销手段,亦不足为奇。而梁文道的书的热卖,是出乎很多人意料的。

据我所知,在《常识》没有出版之前,某出版社曾参与其版权的竞购,但因为预计失误(认为《常识》不会太好卖)而失之交臂,追悔莫及。谁也没想到《常识》自 2009 年 1 月推出以来,3 月份时就卖出了 10 万册,到 6 月,卓越网上竟然卖到断货。我没有确凿的数据,但听说《我执》卖得比《常识》还要好得多。光靠梁文道,广西师范大学出版社就赚到盆满钵满。在这图书业的"寒冬期"里,这不得不算是一个奇迹了。以至于有香港媒体把这一现象命名为"梁文道现象"。而那半年里,梁文道参与的各种活动也是多如牛毛,他不断现身各种场合"谈书论道"。好友香港著名作家马家辉曾在专栏中这样写道:"梁文道前两个月在季风举办过一场签书会,出席群众太多了,从地面排队挤站到三楼,不仅占住了书店的卖书空间,更把书店地板压坏了,热烈情绪跟阿 Rain 到北京开演唱会不遑多让,粉丝秩序接近失控,把书店负责人吓怕了,担心在此流感恐慌期再聚集人潮,随时会出事,乃亮红灯,容后再议。"(《明报》2009 年 5 月 10 日)马先生说的是在上海季风书园的签售会,那次活动我也在现场(季风书园只有一层没有三楼,马先生弄错了),虽然不如马先生所写的那样夸张——"把书店地板压坏了"——但人头攒动确是蔚为壮观。粉丝们亲切地称呼梁文道为"道长",自称"稻米"、"梁风"席卷大江南北。

其实,"梁文道现象"所包括的何止梁文道一人?继前几年的"董桥热"之后,2008 年 10 月,马家辉在内地出版散文集《关于岁月的隐秘情事》(上海书店出版社);2009 年 4 月出版游记《死在这里也不错》(生活·读书·新知三联书店出版社);继而快"马"加鞭,以"梁文道般的速度"于7、8月份又出版了《明暗》(中国人民大学出版社)和《日月》(中国人民大学出版社)两本影评集。5月间,香港著名导演林奕华也在内地出版了《等待香港:永远的香港人》(浙江大学出版社)一书。《等待香港》系"三部曲",接下来还有两本要面世。而香港词作家林夕自2008年以来也在内地出书,《原来你非不快乐》(广西师范大学出版社)、《曾经》(广西师范大学出版社)都是排行榜上有名之作,接下来又将推出《我所爱的香港》(广西师范大学出版社)。这些香港作家在内地卖书卖得热火朝天,以至于竟有点不像卖"书"而是卖"纸"。于是,有网友调侃梁文道、马家辉、林夕三人为"卖纸三人团"。而他们自己也"当仁不让"地自居起来。5月下旬,马家辉和梁文道在上海做宣传活动时就自称"二人卖纸团",并言在内地"卖纸"很快乐。

我是从2003年左右开始关注梁文道的,那时我在香港念书,看他在香港凤凰卫视开的一档新节目,名叫《网罗天下》。而在此之前他在内地已小有名气,主要是通过亮相凤凰卫视另一档谈话类节目《锵锵三人行》,做嘉宾。在《锵锵三人行》中他天南地北、嬉笑怒骂、指点江山、津津乐道、风生水起、点到为止……的谈话风格已经被不少内地观众所熟知。但是,更多的内地"稻米"毕竟还不是通过电视了解梁文道的,而是通过文字,通过他在《南方周末》等纸媒上的一篇篇专栏文章。我身边的朋友每提起梁文道,都称呼他做"专栏作家",绝少叫他"电视主持人"的。

普遍的看法,总以为电视的影响力要大于文字。你看那些大学教授,在高校里爬了几十年格子都没有出名,一旦上了央视《百家讲坛》,书就几百万地卖。可是梁文道为什么有这样的"魔法",能够靠文字培养出众多的"粉丝"呢?还有,除梁文道外,香港作家的书为什么总是容易受欢迎？董桥、倪匡、金庸、陈冠中、李碧华、董启章……香港不是"文化沙漠"吗？但香港这片土壤何以能生长出这些"文坛摇钱树"呢？梁文道等人究竟为什么能够走红？别急。让我们一起来破解这个秘密。

二

首先，我们必须注意到：香港作家千千万，却不是每一位都能在内地出书的。因为能在内地出书的香港作家必须具备一个"先天条件"——他们写作所用的语言必须是"大陆式"的而非"香港式"的。

我们知道，香港是粤语的天下。我国各地都有方言，但是没有一个地方像香港那样把方言写成文字的，这样的文字我称之为"粤语文字"。什么是"粤语文字"呢？比如"驶唔驶"（要不要、用不用）、"有冇"（有没有）、"点解"（为什么）、"咁"（如此、这么）、"屋企"（家）……这些词在内地读者看来想必是"丈二和尚摸不着头脑"。我所用的例子，绝非随手举证，都是从林奕华《等待香港》一书中摘出来的。所以，可想而知读者阅读时的困难。而林奕华的文字，还不算"港味"太浓的，倘若纯粹用"粤语文字"写出来的文章，简直跟"天书"一样难懂。

在这一点上，梁文道和马家辉是有优势的，他们的文字完全用"国语"写成，这得益于他们在台湾的经历。著名学者李欧梵就曾在《两代人的电影观》一文中说过："香港文化人的'英雄榜'中鲜有人像马家辉一样，可以港台双栖（梁文道是另一位）。"梁文道更说过，他的文字之所以读来简洁、洗练，多是受了五四新文学的影响。他们成长的环境不是"粤语文字"的环境，这可以说是他们的"先天优势"。董桥则更不必说了,他那种"五四腔",确切地说是"周作人腔",内地读者早在中学课本上就已十分熟悉,朗朗上口。"卖纸团"能用内地读者看得懂并且十分亲切的文字写作,这是他们能打入内地市场的一大前提。

但是,香港"卖纸团"的语言又与内地文人的语言有很大的差别,差别在于没有"毛氏"的"行伍腔"和"郭氏"的"歌颂腔"。相比之内地文人,香港"卖纸团"的文风可以说是直接传承了五四作家。这并不代表他们有多高明,只是在内地读者看来,难免令人耳目一新。我是接受过香港"卖纸团"文字洗礼的人。这种感觉就好像一个从小被拐卖到穷乡僻壤、目不识丁的孩子,长大以后无意中找到自己的亲生父母,猛然发现自己竟是书香门第一样激动不已。

给内地读者带来不一样的阅读体验,这是"卖纸团"的第一个秘密。

其次,这不仅是"卖纸团"的秘密,举凡受人追捧的作家都一样,就是要有与众不同的身世。比如说最受年轻人追捧的作家韩寒罢,他若不是职业赛车手,而只是个纯粹的作家,肯定要黯然失色太多,不帅不酷也不有型了。身世是商家炒作的重要工具。读者或许很难记住作家的作品,但是却很容易记住非同凡响的身世(噱头?)。那么,"卖纸团"成员有怎样不同凡响的身世呢?这可以从我向朋友介绍"卖纸团"成员的独白中看出来——我也是很为这些身世着迷的。

第一,梁文道:这个人出生在香港,四个月大就被抱到台湾由外祖父母抚养长大。他从小不爱上学,专爱混黑社会,以致初三时因破坏公物和有成为黑社会接班人嫌疑被学校开除,回到香港。所幸在混黑社会期间,他的大佬很爱读书。在大佬的循循善诱、谆谆教诲下,他开始读川端康成、殷海光、胡适……17 岁就成为专栏作家,在香港《信报》挑起笔战,是个很早慧的哲学天才。现在他的头衔可多了:专栏作家、主持人、嘉宾、客座讲师、杂志主编、出版社老板、艺术村村长……正因为跨行这么多,所以有"文化百足"的外号,同时也被称为"香港文化教父"。

第二,马家辉:这个人是个"李敖迷",虽然出生在香港,但是由于太崇拜李敖了,19 岁那年立志要在 21 岁前出版一部李敖研究的书,于是毅然决然放弃了本可入读香港浸会学院传理系的机会,"乘桴浮于海",弃港赴台,考入台湾大学心理学系,大二下学期,真的见到了李敖并且出版了生平第一部著作:《消灭李敖,还是被李敖消灭》。同时,他又是美国芝加哥大学硕士和威斯康辛大学博士——"牛人"一个。

第三,林奕华:你知道吗?我们现在动不动就把同性恋称作"同志",什么"同志文学"啦、"同志电影"啦……"同志"这个词就是林奕华发明的,而他本人呢,也是位"同志"。

……

朋友们听了我的倾情介绍,十有八九都会对当事人产生兴趣,旋即去购买他们的书来读。当然,媒体在其中也发挥了推波助澜的作用。比如,各种报刊、杂志以及网络、电视台不厌其烦地重复打听梁文道少年时代的黑社会经历。对媒体来说,这些经历当然是比梁文道的书更好的卖点,更值得宣传。

各人有不同的可供炒作的身世背景,这是"卖纸团"的第二个秘密。

复次,如果我们仔细翻看"卖纸团"在内地出版的书,就会赫然发现一个共同点:咦,书里的文章怎么都是旧文呀?有的甚至是四五年前的作品！没错,这也是"卖纸团"的秘密之一,拿梁文道来讲,他出书的先后顺序是有"大学问"的。

第一本出版的是《常识》,出版社打出的幌子是："梁文道在内地出版的第一本书"。《常识》是一本以《南方周末》上的时评为主,附带穿插梁文道在香港报纸上的专栏文章的合集。梁文道在《南方周末》上写时评多年,已经培养了不少读者。读者们当然知道他在香港也写专栏,可惜一直无缘拜读,所谓"神龙见首不见尾"是也。而越是读不到,人们就越想一睹真面目,在这样的情况下形成了广阔的市场需求。正是因为抓住了这样的消费心理,即便梁文道自己也认识到《常识》是一本"容易过时"(《常识》,页 367)的书,出版社还是愿意冒险将其出版,且首印就有 3 万本。事实证明出版社的冒险是正确的,不少读者就是为了一睹梁文道在香港时所写的文章是何模样才购买《常识》的。顺水推舟,后来出版的《我执》则完全是梁文道在香港的一个专栏里写的文章的合集,并且文风与内地读者所看到的"时评梁文道"截然不同,满纸"文艺腔"。读者们没想到那个"硬邦邦"的梁文道原来还能写这么"软绵绵"的文章,喜出望外,故而更加疯狂地追捧之。

另外,马家辉的出书经历也有一个"过渡期"。在出版《关于岁月的隐秘情事》之前,马家辉的所有书均是先有港版再有内地版。这其中当然有各种复杂的原因,但"人气不够"是不容忽视的。之所以"人气不够"不是水平不行,而是因为马家辉比梁文道的"本土意识"更强,所以在内地没有做太多的事业,工作重心始终在香港。直到好几部著作在内地出版,又重返《锵锵三人行》做嘉宾,并频频亮相内地电视节目之后,马家辉的人气才飙升上来。2009 年,他与梁文道更搭档做起"香港书展文化大使",负责在内地做宣传他们能成为人选,足见他们在内地的人气。所以现在马家辉可以改变战略了,不用先在香港,而是直接在内地出书——《明暗》和《日月》就是证据。

但我看到马家辉在决定北上发展时,心里仿佛怀着一丝"无奈"之情。有一次他撰文写道:"梁文道在《笔阵》(《明报》专栏)栏内写过《一个最后一代香港文化人的告白》,表示把工作重心转移北上,理由之一是,已经没有太多东西可为香港贡献。我曾以此数落他一番,说香港还有太多事情可让你贡献,只不过中国内地有更多的东西让你去赢取,所以你便懒得再理香港。没料到,两年后,我亦愈来愈'梁文道化'了,香港和内地的一推一拉,确令我们有了不太一样的取舍抉择。"这"一推一拉"所指者何?我们只能想象了。

在北上前先培养出一批潜在消费者,这是"卖纸团"的第三个秘密。

三

二三十年前,内地刚刚改革开放,香港曾在经济上深深地影响过内地,深圳特区的设立就是为了更好地效法香港。随着经济的渗透,在流行文化方面,"香港风"也曾席卷过内地:流行音乐、警匪电影、武侠小说、娱乐明星……能听能说粤语曾经是很时尚的事情。可是,随着内地经济的发展,内地娱乐工业也日具规模,香港流行文化的竞争力越来越小。当绚丽夺目的光环被摘去后,人们赫然发现,在香港这块被称为"文化沙漠"的地方,原来根深蒂固地生长着几株坚忍的"沙漠玫瑰"。

沙漠玫瑰这种植物,由于在沙漠中生长,条件很恶劣,所以他们的根茎格外发达,艰难地汲取着地底深处的水分。在没有开花的时候,你根本察觉不到他们的存在,因为你只被"长河落日圆,大漠孤烟直"的风光吸引。如今他们开花了,芳香随风飘散过来,你才蓦然发现他们是那么美丽娇艳、那么卓尔不群、那么引人注目。——香港"卖纸团"不是很像沙漠玫瑰吗?

"卖纸团"当然只是一句玩笑,这群香港作家真正带给我们的是崭新的阅读体验。然而,由于种种原因,我们所能了解到的他们总是不全面的。比如马家辉吧,在内地出版了散文集、游记集、影评集,尽是些很煽情的文字,这让我们误以为马先生就是一个只会写"软文章"的"酸书生"。其实不然,此"马"来头大,马先生在香港写的"硬文章"——评论也很出名。他的三本评论集:《我们》、《你们》、《他们》,"激扬文字"的功夫也是可以"粪土当年万户侯"的。可惜我们读不到。不过他相信,我们都相信,在不久的将来这些著作就能在内地面世。

香港作家邓小桦小姐在为《我执》一书所作的序中开宗明义道:"现在我们已经这样认为,将来的历史也必会如此记载:梁文道是中国公共知识分子的代表人物之一。"说实话,我不知道邓小姐的预言会不会成真——这话当然不是出于对邓小姐或梁先生的质疑,而是我才疏学浅,实在没有能力判断其真或假。不过,我诚恳地希望邓小姐的预言能够成真,好让梁文道的名字载入史册,这是一件大好事——俱往矣,数风流人物,还看"文道"。

关于《我读》的鸡毛蒜皮

书评人可以歇歇了

我早就觉得梁公出书太多太快了,仅 2009 年一年时间,他就在内地出版了《常识》、《噪音太多》、《我执》和《读者》四本书。在《常识》之前,我还颇期盼梁公能在内地出书,但在《读者》之后,我则认为他应该适可而止了。11 月初我在厦门陪同他签售,见每位读者手中都捧着三四本他的书,有的甚至一买好几套来。梁公签名殷勤,每本必双手奉上并道"谢谢",所以原本预计一小时的签售根本来不及,又延迟了一小时。我听小道消息说,梁公在出版《读者》之后近期没有出版计划,心中很是宽慰。

然而没多长时间,我有个素未谋面的朋友是北京某图书有限公司的工作人员,他在 QQ 上叫我,问我有没有兴趣写梁公的新书

《我读》的书评。听完一惊,怎么梁公又出书了?!但是梁公的书,我当然愿意读,就要了一份电子稿。我看这书的作者栏上写的是"凤凰卫视出版中心编",就明白了,哦,原来不是梁公写的;又看了一下封面,见腰封上写着如是文字:"凤凰卫视《开卷八分钟》'道长'开列'悦读'书单。人生那么短,时间那么少,让我集中精力给大家介绍些好书吧!";再浏览了一下书稿,原来就是《开卷八分钟》的节目内容。心想:嗨,如此而已,像我这样几乎每期《开卷八分钟》必看的观众,真没必要买这本书来读;梁公向来不喜书单,估计什么"悦读书单"之类,又是书商的宣传,梁公心善,便权当没看见罢。总之,这不过是一本具有商业价值的书罢了。

吃工作餐时,我与同事说起梁公的新书《我读》即将出版。同事说:"哈哈,那不就是把《我执》与《读者》的名字拼起来了?"我说:"不如我也去找梁先生谈谈,把其余《开卷八分钟》的东西再编本书,书名嘛,就把《常识》和《读者》拼起来,叫《常读》好啦!"玩笑归玩笑。同事随后跟我抱怨说:"其实梁文道这样出书对他真的没好处。"我很同意,一个人如果过快使用他的知名度,则必会有耗竭的时候。

又过了几天,我见那位送《我读》电子稿的朋友在 QQ 群里到处散发《我读》的电子稿约书评。第二天,QQ 群里就开始围绕这本书热议起来。有人说《我读》是一本欺骗读者感情的书;也有人义无反顾地支持梁公,凡是他的书都爱看。我隔岸观火,心想:这本书估计又要演变成社会话题,还没上市就吵成这样。

当晚,我打算给梁公写封电邮,问问他究竟是怎么回事,问问他知不知道读者们对这书的反应。谁知信还没写好呢,第二天中午,豆瓣网上就出现了法律出版社的高山先生(即梁公《读者》一书的责任编辑)贴出一篇名为《梁文道先生关于本书的声明》的文章。高山先生写道:"鉴于近来有消息称文道先生将在2010年出版《我读》一书,昨日梁先生获悉之后,请本人代为转达他的声明,请大家能够理解。"接下来,就是梁公声明的全文:

据我所知,《开卷八分钟》节目内容的版权属于香港凤凰卫视有限公司,它有权对之进行任何形式的处理。

我知道凤凰卫视的出版中心有意将《开卷八分钟》的节目内容出版成书,但我早对该中心的负责人表明:

a. 我一向不赞成把电视节目变成书的做法,除非它是Ways of Seeing或Civilization那么伟大的节目,而且经过原作者的大幅改写加工。

b. 我做的电视节目都不值得变成书籍,我目前也没有余暇和意愿去做这样的事。

c. 只有我自己亲手写出来的东西,我才愿意承认它是我的文字作品。

d. 假如有人执意要将《开卷八分钟》制作成书,我不会对它做任何的修订审校,也不愿知道有关它的任何技术进展,更拒绝从该书获取任何金钱收益。

对于目前网上流传的《我读》一书的资料,我有如下看法:

a. 我不知悉这本书的出版情况,直到有人把这些网上的资料传给我看。

b. 我不是这本书的作者。

c. 该书书名不是我的手笔。

d. 我不知道该书腰封上的宣传语句的出处。

e. 我不知道该书序言的出处。

f. 凡是做过拙著编辑的朋友都知道，我最讨厌自己的照片出现在拙著封面和腰封之上。

我强烈吁请《我读》的出版方停止一切误导读者以为我是该书作者的手段。

哈，这一切都是场闹剧！在看完梁公的声明之后，我又仔细把《我读》的序言读了一遍，才发现这篇名为《为什么需要阅读不同类型的书籍》的文章其实很狡猾，没有署作者姓名，却用第一人称写成。这篇序言我愈读愈感到有一种莫名其妙的似曾相识，结果"翻箱倒柜"终于被我找出它的出处。原来，这篇文章其实就是《开卷八分钟》2007 年 7 月 26 日的节目，稍加删改而已。

哎呀！原来《我读》一书就是这样策划、编写并投入出版的！梁公自谦，认为自己的节目没有出版成书的价值。不过梁公所言"价值"，和书商所谓"价值"大抵不是一回事。梁公所言"价值"是"学术价值"，而书商所谓"价值"是"商业价值"。所以在书商看来，《我读》是很有"价值"的。说起来，这位幕后书商和我还有过一面之缘。2009 年 6 月底，我邀请梁公到杭州演说之际，这位书商恰亦来杭开媒体见面会，当时他也出书。我看了他的新闻稿，里面还有批评梁公的话。这边厢批评梁公，那边厢又未得梁公同意出版他的书，我觉得这是很不仗义的行为。所以我希望，不仅如梁公所说"停止一切误导读者以为我是该书作者的手段"，最好连这本书也不要出版了。如果硬是要出版这本《我读》，除了能使某些人钱包更鼓一点以外，对各方都是没有好处的。

在内地，出版行业这些年正呈现逐步开放的态势，但是正如一切处于转型期的事物一样,"这是最好的时候,也是最坏的时候",出版行业之混乱无序也是前所未有的。开放是一条必行之路,在这期间,我们很需要一个有公信力的部门出面监督管理,这无论对出版行业经营者还是知识产权拥有者,都是相当重要的。

《我读》

凤凰卫视出版中心编,上海三联书店出版社,2010年1月版。

奉答《出版商务周报》张春海先生

——我看2009年三个文化现象

最自恋与诉苦的书:《七十年代》

理由:汇集陈丹青、朱伟等文化精英关于他们的在20世纪70年代经历的回忆,被指为文化贵族的自恋与诉苦。

2008年我在香港见过牛津版的《七十年代》,因为太贵不舍得买。从没奢望这本书在内地能够出版,没想到生活·读书·新知三联书店将之出版了。而且一本将近50万字的书,起印就有两万本,足见出版社野心不小。

《七十年代》作者群英荟萃,阵容强大。三十篇文章,三十位作者,全部都是当下中国知识界的中坚力量:北岛、阿城、陈丹青、王安忆、李零、阎连科、韩少功、严力……作家毛尖说《七十年代》的作者大多是文化贵族,他们出身高干子弟,在那个动荡的年代里虽然压抑但也享受了一般人难以企及的待遇,固然自怨自艾,但也着实让毛尖这样的"平民"觉得他们是身在福中不知福,诉苦是一方面,亦有自恋之嫌。想来毛尖女士应该是《七十年代》作者群的同龄人,所以她的阅读是横向对比式的;然而,在青年读者("80后"、"90后")眼中,从纵向对比式的角度阅读此书,则具有更深远的意义。

本书作者之一的李零教授在《七十年代:我心中的碎片》一文中说:"八十年代开花,九十年代结果,什么事都酝酿于七十年代。"假如李零教授的话没错,那么,青年一代就不免有些纠结——酝酿让你们赶上了,开花让你们赶上了,结果让你们赶上了——留给我们的还有什么?李零这话说得,仿佛一切好玩意儿都是《七十年代》作者们创造的,青年一代只是在享受他们的福祉。真的如此吗?卢梭说:颠覆远比治理容易。《七十年代》的作者们赶上了一个大破大立的年代,所以他们中能出很多成就。换作现在,谁也不能保证这些巍巍乎可畏的大人物不会埋没于成千上万的大学生中。一代有一代之问题,每一代人都在书写自己的历史。因此,摆在青年一代面前的是更加棘手的选择:是围坐一起,吃《七十年代》作者们产下的果实,还是站起来去播种,酝酿下一轮的开花和结果?这是一个值得深思的问题。

"最媒体"的作者:梁文道

理由:通过凤凰卫视走红,以公共知识分子的姿态介入公众话题的讨论,培养公众的公共意识和批判思维。也是在2009年,陈丹青的《荒废集》出版,成为热销的图书。

梁文道的走红一点都不偶然,这是他十几年辛勤耕耘的结果。从香港中文大学毕业,被誉为"中大有史以来读书最多的学生";到二十几岁在香港从事文化工作,和朋友办杂志、创办牛棚书院、策划艺术活动、主持读书节目;临近三十岁成为凤凰卫视《锵锵三人行》嘉宾,坐拥香江而对大陆发声;接着在大陆开专栏,用文字影响读者,出席各种场合,让这张并不英俊的脸变得家喻户晓……用他自己的话说,从香港到大陆的转变是因为他自觉在香港,文化实在太边缘太小众,自己能做的事已经全部做完,无法再贡献,于是北上内地发展。

如今的梁文道,已经成为中国知识分子群一面另类的旗帜。邓小桦甚至在《我执》的序言中如是说:"现在我们已经这样认为,将来的历史也必会如此记载:梁文道是中国公共知识分子的代表人物之一。"其实,梁文道之所以能够独领风骚,很大程度上得益于他的香港公民身份,以至于他经常能道出一些在大陆难以听到的言论。他的《常识》在内地引起一阵骚动,用他自己的话说这是一本"不只容易过时而且使人过敏的集子"。谁也没想到《常识》自2010年1月推出以来,3月份时就卖出了10万册,到6月,卓越网上竟然卖到断货。

无独有偶,就在2010年,不止梁文道,一批香港作家先后"登陆"。他们中有导演林奕华,有学者马家辉,还有作家林夕,形成了所谓"香港卖纸团"的阵容。用马家辉的话说,这变化叫做"梁文道化—lisation"。前些年,他还批评梁文道不顾香港文化界安危而插足大陆,如今自己也跟着北上了。无疑,这群香港作家带给我们的是崭新的阅读体验,不同的思维模式。他们长年从事媒体工作,很懂得怎样迎合受众的口味,在"传道授业解惑"、"激扬文字"的同时又不乏趣味性,这是很值得内地知识分子借鉴的。

  季羡林、任继愈、钱学森、杨宪益等人文、科学领域内的大家去世。

  理由:众多文化、学术界的巨星在2009年陨落,令人怀念,引发关于"中国再无大师"的争论。

  每一年都有大师仙逝,2008年如柏杨、谢晋、谈家桢、贾植芳,2009年如季羡林、任继愈、唐德刚、钱学森、杨宪益。21世纪以来,我们仿佛进入了一个大师加速度离开我们的时代。在这个过程中,令我最感惊讶的不是他们接二连三地陨落,而是当他们逝世的噩耗传到我耳中时,恕我不敬,我的第一反应竟往往是:难道他们不是死了好久了吗?

  中国是否再无大师?这话已经反复争论多年。可我常怀疑,究竟是中国再无大师,还是我们正在将大师遗忘?前文所述我的反应之吊诡在于,明明有不少大师依旧健在,我却浑然不觉。前几天,要不是朋友的提醒,我几乎忘记明年就是杨绛先生的百岁大寿。谁说中国没有大师?如果我们都要等到大师的讣告登报才想起大师,那么当然会觉得没有大师;但是如果我们对大师们投以更多的关注,我相信是绝对不乏大师其人的。

  当然,现在大家更关注的是待这些出身五四的大师们凋谢之后还会不会出现大师的问题。这就关系到我们国家的教育制度和人才选拔制度了,鄙人一介草民不便多发议论。我只知道,当下我们的各种制度确实存在不少问题,压抑很多人才冒出来。郭德纲曾经调侃说:"谁长寿谁是大师。"这固然是一句玩笑话,若真如此,大家不用再比能力高下,只要刻苦钻研长生不老之术就得了。这样一来,历史也就不会记住李贺、莫扎特、拉斐尔这些短命的名字,彭祖先生将是资格最老的"大师"。

我们如何缅怀大师,如何继承大师的遗产,如何接过大师的火炬加以延续?中华文化的长河需要怎样的灌注才不致干涸?建议大家与其口舌争论中国是否再无大师,不如捧起大师的著作多加研读。

谁在滋长我们这个时代的戾气

过去的一周,有两个人在网络上"疯"了,一个是周立波,一个是孔庆东。

2010年11月20日,周立波在微博上发文说:"网络是一个泄'私粪'的地方,当'私粪'达到一定量的时候,就会变成'公粪',那么,网络也就是实际意义上的公共厕所!大家也就有空来拉拉!"此言一出,微博上旋即开始了一场口水大战,"挺周派"和"倒周派"隔空交火,甚为壮观。身为"沪上大公子"的周立波居然亲自挂帅,身先士卒参加论战,把网友的微博逐一拎出来驳斥。周立波说:"网络提供了一个无界别、无贵贱、无高低的公众虚拟平台,在这里,所有人都可以发表他们自己的观点且无需负责,这样的状态导致了一种虚拟的无政府空间,试想,将网络现状复制到现实生活当中,这样的世界,是我们想要的吗? 娱乐可以,当真必惨! 政府若将网络民意当真,实是一种'自宫'行为了!"

此事余温尚在,过了两天,北大教授孔庆东又在网上发表"伟见"。他借着为重庆市公安局局长王立军辩护之机,说"我们现在媒体太乱,媒体的好多记者都是无证上岗,拿着假记者证到处去横征暴敛,这些记者排起队来被枪毙了,我一个都不心疼",又说"我觉得全国人民应该起诉南方报系,天天在诬蔑我们革命先烈,诬蔑我们的党和国家领导人,诬蔑全体中国人民。像南方报系还有'野鸡网'这些媒体首先就应该遭到起诉"。孔庆东向来以"语不惊人死不休"的面貌示人,早年先就曾令我汗颜。2008年,他在出席凤凰卫视一个节目中谈起北大时,说北大的问题:不是不自由,而是太自由,自由得需要老师语重心长告诫新生严格要求自己,以免四年下来,自由散漫,无所收获,所以应该加强管制。

"私粪"、"自宫"、"枪毙"、"野鸡"……我不知道这些所谓的公众人物,是心中真的有数不完的怨气需要发泄,还是只是为了搏出位,吸引眼球呢?但无论如何,这些充满暴力的语言,无疑加重了我们这个本已短兵相接、一触即发的社会的戾气。

正好,2010年11月1日的《新周刊》做了名为《谁告诉我怎么活?——青年导师面面观》的专题,罗列了当代青年的32位导师。我仔细看了这些所谓的"青年导师",发现里面也蕴藏着不少"戾气的种子"。比如位列"助教级"的香港导演彭浩翔。有一次,某男问他:"我有一个女朋友,想与她分手,一直没分,原因是:1. 回国可以有人上床;2. 提分手怕她伤心。我该怎么办?"彭浩翔答:"你应该去死,谢谢!"是有道理,也很解气,但是我不明白,为什么不可以换一种比较缓和的语气,跟对方讲道理,而偏偏要用这么简单粗暴的语言来表达呢?答案很简单,粗茶淡饭没人吃,重口味的川菜才受人喜爱。另一个例子是位列"教授级"的杭州主持人万峰。这个被称为"电波怒汉"的花甲男人,最喜欢在节目里呵斥打进电话来的听众。他从来不认为自己咆哮听众的举动是错的,相反,觉得这样做才能真正起到"教育"的作用。

我们的民族从古至今都在儒家温和的外衣下崇尚暴力(包括冷暴力)。这一心理模式的效果是,我们的国民"既卑又亢"——遇到一点"歧视",自卑感马上就从心底升上来;而看见可以欺负的对象,就立刻摆出一副"当权者"的姿态去虐待他。戾气太重,以致老师可以打学生,老板可以骂部下,老公可以凌辱妻子……西方一百多年前就已经开始提倡"爱的教育"了,而我们至今仍然保持着"不打不成器"的传统,岂不贻笑大方?除非我们慢慢学会用理性和常识去思考,用宽容和理解去交谈,否则,真不敢想象我们的下一代会是什么模样。胡适说:宽容比自由更重要。我们的公众人物,应该认识到自己肩上担负的责任。

后记：书评人可以歇歇了

——兼说"书评人"这种东西

<small>文化评论</small>

我的个人简介上总是印着"书评人"三个字。就因为这三个字，我还以为自己有多了不起了，沾沾自喜了，甚至还把自己当成一个作家了呢！直到我读了比目鱼兄的新作《虚拟书评》，才知道压根儿不是那么一回事。我真是惭愧。这惭愧不是箭手射中靶心后的谦虚，而是真惭愧，觉得自己这一点小伎俩实在是没什么值得炫耀的了。

写书评有那么难吗？我顺手援引一段比目鱼兄在《虚拟书评》中的文字为例好了："兰登书屋去年推出的短篇小说集《枪口下的十四篇小说》出版以后并没有引起读者和评论界的太多注意，然而不容否认,这本书的确是一本非常奇特的小说集。"只寥寥数语,就令我对这本小说集产生了阅读的兴趣。可是天晓得,这样一本"奇特"的书压根就不存在,完全子虚乌有,是比目鱼捏造的产物!

"所谓'虚拟书评',就是为那些并不存在、'虚拟'的书撰写的书评。"真不知道亲爱的比目鱼兄写虚拟书评的初衷是什么。是为了好玩吗?但是看在我的眼里,这本书简直是对"书评人"这一职业(假如能算一种职业的话)莫大的讽刺。对我这样经常要拿起一本厚厚的书,在深更半夜挑灯夜读,读完之后苦思冥想,思想之后爬格子写书评,写完之后头昏眼花到处卖稿的人来说,虚拟书评写起来也未免太轻松了吧?

真的,靠写书评吃饭的人的心理是很"变态"的。

起初,大抵也会抱着给读者推荐值得读的好书的心态去写作。但是,媒体的一些"硬性条款"是必须遵守的。比如,所介绍的书籍一般必须是出版不超过三个月的新书。这就意味着,如果你想靠写书评为生,那就必须不断阅读新书,根本没有时间去"经典常谈"。然后,为了尽量"节省时间",书评人开始往"更轻更薄更易读"的方向发展。当两本相同题材的书同时摆在面前的时候,书评人很自然会选择页数较少,行文较直白,主题较明确的那一本来读。最好是半天即可读完,半天就可以把书评写出来的书。如此一天一篇书评,也能多赚几块稿费花花。

另外,书评人的一个宿命是经常要接受出版社的赠书。写字真是不赚钱的,书又贵,所以出版社如果愿意赠书,书评人自然乐意。可是天下没有免费午餐,拿人钱财替人消灾。今天出版社给你寄你喜欢的书请你写书评,来日他们给你寄你不喜欢的书你也要帮着写。看自己不感兴趣的书,还要写文章推销,真叫痛苦!

因此我说,《虚拟书评》一书是对书评人职业的一种讽刺。你们那么辛苦地炮制书评,我不看书,照样能写出"像模像样"的书评来。不仅如此,你们还要处理诸多复杂的关系,我不用。更何况,你们的溢美之词还容易被人误解你们是出版社的托儿,我也不会。

为什么虚拟的书评能写得跟真的一样?因为写书评并没有大家想象得那么难,因为书评是有套路可循的。每当有人向我"请教"(这简直使我惭愧)书评该怎么写的时候,我总是顾左右而言他。不是我舍不得跟人分享"秘籍",而是我还没有花时间将这种套路好好总结过。但是凭我的经验,书评绝对有其规律(如格式、措辞以及那些读者希望看到的话),只要掌握了这些规律,每个人都能如法炮制出"好书评"。我猜,比目鱼兄的虚拟书评,就是根据这些规律写出来的吧?

我只是不解一件事。为什么现在的读者买书,要这么倚赖书评呢?不少人的解释是,看了书评,确定这是一本好书我才买。可是照我的习惯,一本书在自己看过之前,无论别人怎么忽悠,我都不能确定其好坏。更何况,在我心中似乎没有"坏书"一说,"好书"可以直接获得营养,"坏书"可以作为反面教材,皆有益处。

比目鱼兄在扉页上说:"献给 LL。(现在你该相信我是个作家了吧?)"哥哥,我们大伙儿都信了。只是在信你是一位作家之余,我们却对自己产生了怀疑——看来我们这些所谓的"书评人"是到了可以歇歇的时候了。

许骥